기죽지 않는 쓸만한 영어

일상생활 필수
생존회화

"안녕하세요.
쓸만한 영어의
Sophie Ban입니다."

저는 YouTube의 '쓸만한 영어'라는 채널을 통해 다양한 상황에서 쓸만한 영어 표현들과 함께 미국 생활, 미국 문화를 알려주는 이야기들을 여러분께 전하고 있습니다. 제 채널의 이야기들이 이렇게 한데 모여 책으로 다시 거듭나게 된 일은 저에게 있어서 아직도 꿈만 같습니다.

미국이란 이국땅에서 이민자로, 영어를 가르치는 일을 하는 사람으로, 영어가 편하지 않은 한인들의 소통 창구 역할을 하는 통역사로 살아가면서 실제 미국 현지에서 우리 한국인들이 영어 때문에 겪는 불편함과 힘든 상황들을 직접 목격하고 또 한국인들이 공통으로 느끼는 영어에 대한 감정적, 심리적인 사연들을 많이 접하게 된 일들이 작은 동기가 되었습니다. '나도 같은 한국인으로서 도움이 필요한 분들께 힘이 되면 좋겠다'는 마음으로 YouTube에 영상을 찍어 올리기 시작했고, 이제는 이러한 내용이 책으로 정리되어 더 큰 세상에 나와 더 많은 분들을 만날 수 있게 되어 정말 기쁩니다.

한국에 있을 때도 통역사로 일하면서 외국인을 많이 상대했었고, 입시에서부터 토익, 토플, 회화에 이르기까지 영어를 가르치면서 늘 영어를 사용해 왔지만 이러한 영어는 미국 현지에서의 생존 회화와 너무나도 큰 차이가 있다는 것을 깨달았습니다. 실제 현지에서 영어는 '생존과 직결된 일을 헤쳐나가기 위해' 필요한 것이며 이를 잘하지 못하면 '창피함과 손해'를 겪어야 하는 것은 물론 '오해와 답답함 그리고 억울함'까지 자신의 몫으로 남을 수밖에 없습니다.

따라서 관광, 어학연수, 유학, 출장, 이민, 자녀 교육, 주재원 근무 등 어떠한 이유에서든 미국에 오기로 결정한 그 순간부터 누구나 영어에 대한 부담감은

떨칠 수 없을 것입니다. 관광 등 단기 체류 목적으로 방문한다고 하더라도 커피 한잔을 사 마시고, 식당을 가고, 쇼핑하고, 렌터카를 빌리는 등의 일을 영어로 소통해야만 하고, 장기 거주 계획을 갖고 미국으로 왔을 때는 집을 구하고, 은행을 가고, 병원 및 미용실과 세탁소 이용 등 실생활과 관련된 모든 중요한 일들을 영어로만 해결해야 하는 상황에 놓일 수밖에 없습니다. 이러한 상황에서 영어가 부족한 상대방의 입장을 이해해 여유를 갖고 말을 귀담아 들어주거나, 영어 교재 오디오 같은 발음으로 또박또박 말하고 천천히 속도를 조절하며 대화의 눈높이를 맞춰주는 미국인은 단 한 명도 없습니다.

설사 영어를 알아들었다 해도 문맥적 상황과 언어적 배경에 대한 정보가 부족해 의사소통이 제대로 되지 않을 때도 많습니다. 이러한 안타까운 상황을 해결하고자 이 책에서는 문맥 상황에 맞게 영어를 제대로 할 수 있도록 필수적으로 알아야 하는 미국 생활과 문화에 대한 정보도 함께 담고 있습니다.

제가 영상에서도 늘 강조하고 있듯이 어떤 표현을 배우기에 앞서 그 나라의 생활과 문화에 대한 정보를 먼저 살피는 것은 중요합니다. 그 이유는 우리가 교과서와 문법책에서 배운 대로 영어 문장을 사용했는데도 실제 상황에서는 맞지 않아 생기는 오해나 소통이 불가능한 경우를 방지할 수 있기 때문이지요. 따라서 이러한 현지 문화에 대한 이해 안에서 원어민이 자연스럽게 많이 쓰는 실질적인 표현들을 익힌다면 상황에 맞게 정확히 소통하는 데 많은 도움이 될 것입니다.

돌이켜보면 저에게 영어란 단순한 '말의 도구'에 그치는 것만은 아니었습니다. 영어를 통해 더 다양하고 많은 사람을 만나 소통할 수 있었고, 이에 따라 더 많은 정보를 '번역'이란 필터 없이 생생하고 빠르게 얻을 수 있었습니다. 따라서 저 자신이 이해할 수 있는 세상이 더 넓어지고, 또 그런 세상을 누군가와 다시 나눌 기회를 갖게 해준 훌륭한 매개체였습니다.

그렇게 매일 영어를 하며 겪었던 저의 부끄러운 실수와 경험을 적은 오답 노트들은 어느새 일기장을 대신하게 되었고, 그 일기는 YouTube 영상으로 만들어지게 되었습니다. 그러한 YouTube 영상 이야기들을 모아 책으로 정리하게 되었고, 책을 쓰는 동안에는 마치 옛 앨범의 사진 한 장 한 장에 담긴 추억을 꺼내어보는 것만 같은 느낌이 들어 감회가 새로웠습니다.

돌아보면 짧은 몇 분짜리 영상이지만 그 영상을 준비하기까지 주제를 연구하고, 스크립트를 짜고, 단어 하나라도 다시 확인하고, 영상을 찍고 편집하고, 자막을 넣고, 영상을 올려 평을 받기까지 여러 과정을 거치는 만큼 그 안에 담긴 에피소드도 정말 많았습니다.

이렇게 영상을 만들고 책이 나오기까지 함께해준 많은 분들이 떠오릅니다. 무거운 카메라를 흔들리지 않도록 오랫동안 꼭 잡아주며 곁에서 묵묵히 함께해주고 있는 주말 촬영 감독님인 남편과 일 때문에 바쁘다는 이유로 마음만큼 돌봐주지도 못한 엄마를 오히려 더 이해해주며 챙겨준 두 꼬맹이 리아와 아리, 그리고 영어에 대한 깊이 있는 조언을 해준 둘도 없는 친구이자 선생님인 Liz Williams와 부족한 게 많은 딸이지만 늘 아낌없이 응원을 해주신 부모님께 이 책을 바칩니다.

무엇보다 '영어를 잘하고 싶다'는 우리의 간절한 마음을 이용한 마케팅이 판치고, 우후죽순으로 쏟아져 나오고 있는 어그로성 YouTube 영어 채널들 사이에서도 저를 믿어주며 한결같이 함께해 주신 구독자분들과 매번 영상 내용을 꼼꼼히 정리해서 올려주는 수고를 해주신 박상아 구독자님, 이 책이 나오기까지 제가 지치지 않도록 이끌어주신 시대인 출판사의 심영미 과장님께 깊은 감사의 마음을 함께 전합니다.

우리 한국인들이 이제는 세계 어디를 가든 영어를 써야 하는 상황에서 영어 때문에 더는 얼굴이 빨개지거나 속상해서 오는 일 없이, 더 당당하게 어깨 펴고 자신 있게 영어 하는 날을 꿈꾸며 단 한 분께라도 이 책이 소중한 도움이 될 수 있기를 간절히 바랍니다.

로스앤젤레스에서

Sophie Ban

"여러분은
미국에서
맞닥뜨리게 되는
아래와 같은 상황에서

영어로 잘
말씀하실 수 있나요?"

- ☑ 전화를 걸어 우버(Uber) 택시를 예약하려고 할 때
- ☑ 버스 기사에게 내릴 때가 되면 알려 달라고 부탁할 때
- ☑ 집주인에게 집세를 조정해 달라고 부탁할 때
- ☑ 인터넷 회사에 전화를 걸어 인터넷을 설치해 달라고 할 때
- ☑ 은행원에게 신용 카드를 개설해 달라고 할 때
- ☑ 마트에서 직원에게 물건 가격이 얼마인지 물어볼 때
- ☑ 마트 계산대에서 물건 몇 개를 빼달라고 부탁할 때
- ☑ 식당에 전화를 걸어 식사를 예약하고 싶다고 할 때
- ☑ 식당 직원에게 남은 음식을 싸 가고 싶다고 할 때
- ☑ 카페 직원에게 와이파이가 되냐고 물어볼 때
- ☑ 미용사에게 앞머리를 잘라 달라고 할 때
- ☑ 세탁소 주인에게 세탁 시 주의 사항을 설명할 때
- ☑ 병원에 전화를 걸어 진료를 예약하려고 할 때
- ☑ 병원 측에 진료 기록 사본을 달라고 요청할 때
- ☑ 약사에게 약에 부작용은 없는지 물어볼 때

자,
여러분이 영어로 잘 말할 수 있는 상황은
몇 가지나 됐던 것 같나요?

만약 앞서 나온 상황에서
절반도 영어로 제대로 말하지 못했다면,
여러분은 지금까지

"죽은 영어"

를 배운 것입니다.

미드를 보며
멋있는 표현, 재미있는 표현을 배우기 전에
우리가 가장 먼저 배워야 할 것은
살아가는 데에 정말 필요한

"쓸만한 영어"

가 아닐까요?

자, 그럼 이제부터 죽은 영어를 벗어나
진짜 쓸만한 제대로 된 영어,
한번 시작해 봅시다!

"이 책은 이렇게 공부하시면 됩니다."

1 한국과는 다른 미국 문화 배우기

같은 상황이라도 나라마다 고유한 방식이나 쓰는 표현, 주의해야 할 행동 등이 있을 수 있습니다. 따라서 상황별 영어 표현을 익히기 전 반드시 알아야 할 '미국 문화'에 대해 배울 수 있도록 하였습니다.

2

미국에서 마주치게 되는
200여 개 상황별 쓸만한 영어 표현 배우기

공항에서부터 휴대폰 개통, 호텔, 대중교통, 집 및 차량 렌트, 인터넷 설치,
은행, 마트, 식당, 카페, 술집, 영화관, 미용실, 우체국, 세탁소, 병원, 약국, 학원
등록 등 우리의 실생활과 밀접한 관련이 있는 장소와 상황별로 반드시 알고
있어야 할 쓸만한 영어 표현을 배울 수 있도록 하였습니다.

Scene 131 · MP3 131

카페에서 포인트로 주문하고 싶을 때

적립 포인트를 확인할 수 있는 컴퓨터 시스템이 갖춰져 있는 카페의 경
우 직원이 먼저 고객에게 적립 포인트를 사용할지 말지 여부를 물어볼
수 있습니다. 하지만 이러한 시스템이 없는 작은 카페의 경우 직원에게
적립 포인트를 사용할 수 있는지를 먼저 묻고, 그 포인트를 사용해서
음료를 주문하거나 기타 상품을 구매하고 싶다고 요청해야 합니다.

> 상황별 꼭 알아야 할 문화적인 팁 및 기타 유용한 정보를 배울 수 있도록 하였습니다.

 ● ● ● 3번씩 따라 말하기

I would like to use my points for my order.
주문하는데 포인트를 사용하고 싶어요(포인트로 주문하고 싶은데요).

 ● ● ● 3번씩 따라 말하기

Can I claim my points to buy a tall latte and a mug?
제 포인트를 써서 톨 사이즈 라떼 한 잔과 머그 한 개를 살 수 있을까요?

> 상황별로 쉽게 따라 말할 수 있는 쓸만한 영어 문장을 3개씩 배울 수 있도록 하였습니다.

 ● ● ● 3번씩 따라 말하기

I earned 10 stamps for a free drink. Can I use it?
무료 음료를 받을 수 있는 도장 10개를 다 모았어요. 그거 사용할 수 있죠?

Expressions

use A for B B를 위해 A를 사용하다 claim one's points ~의 포인트를 사용하다
earn 벌다, 얻다 free 무료의

> 앞서 배운 문장에 나온 어휘 및 문법적인 요소들에 대한 설명을 하단에 수록하였습니다.

3

스스로 영작하며
배운 내용 복습해 보기

배운 영어 문장들을 머릿속에 오래도록 가장 잘 남길 수 있는 방법은 바로 '직접 써먹어 보는 것'입니다. 따라서 상황별로 익힌 다양한 영어 표현들을 스스로 영작해 보며 복습할 수 있도록 하였으니, 학습 후 반드시 직접 영작해 보도록 하세요.

4

600여 개의 쓸만한 영어 표현
한눈에 훑어 보기

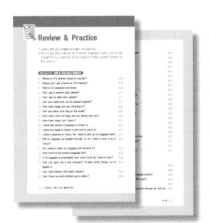

본 교재는 약 200여 개 상황별로 600여 개의 쓸만한 영어 문장들을 배울 수 있는 교재이며, 교재 마지막 부분엔 이렇게 배운 600여 개의 문장들을 한눈에 훑어볼 수 있도록 표현 모음 부록을 제공합니다. (잊은 내용이 있을 경우 체크까지 할 수 있으니 부록을 반드시 활용하도록 하세요!)

5 미국에서 기죽지 않는 쓸만한 영어 시리즈로 연계 학습 하기

일상생활 필수 생존회화

휴대폰/인터넷 개통, 대중교통 이용, 집 렌트, 여가 시설 이용 및 병원 진료에 이르기까지 일상생활에 필요한 기본적인 영어 회화를 배울 수 있습니다.

사회생활 필수 인싸회화

친구, 이웃, 직장 동료 등 사회생활을 하며 만나는 사람들과 인간관계를 맺고 이를 유지하는 데에 필요한 영어 회화를 배울 수 있습니다.

문제해결 필수 배틀회화

미국에서 맞닥뜨리게 되는 다양한 문제 상황 및 불쾌하고 부당한 대우를 당했을 때 이에 대처할 수 있는 영어 회화를 배울 수 있습니다.

QR코드를 스캔하시면, Sophie Ban 저자 공식 유튜브 채널로 연결됩니다.
어려운 영어 공부! Sophie Ban 채널에서 든든하게 서포트하겠습니다.

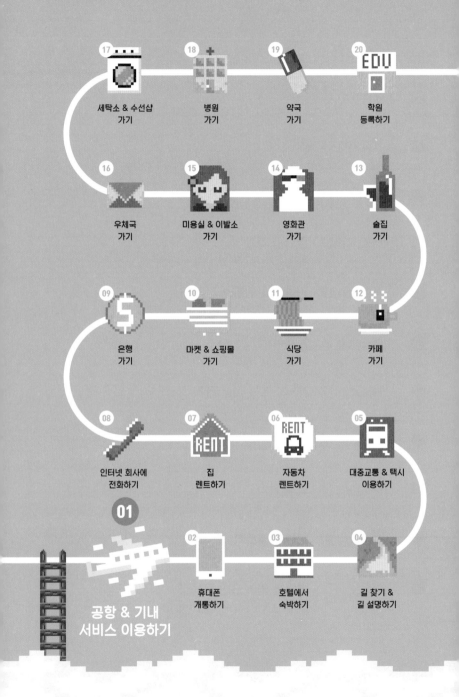

17 세탁소 & 수선샵
가기

18 병원
가기

19 약국
가기

20 학원
등록하기

16 우체국
가기

15 미용실 & 이발소
가기

14 영화관
가기

13 술집
가기

09 은행
가기

10 마켓 & 쇼핑몰
가기

11 식당
가기

12 카페
가기

08 인터넷 회사에
전화하기

07 집
렌트하기

06 자동차
렌트하기

05 대중교통 & 택시
이용하기

01 공항 & 기내
서비스 이용하기

02 휴대폰
개통하기

03 호텔에서
숙박하기

04 길 찾기 &
길 설명하기

Mission 1

공항 & 기내
서비스 이용하기

문화
엿보기

서비스가 제한적인
미국 공항 시설과
입국 심사 시 주의 사항

▶ 규모가 작고 서비스가 제한적인 미국 공항

대도시 지역을 제외한 일반 지역에 있는 미국 공항의 규모는 한국의 버스 터미널 정도로 작은 편이며, 규모가 작은 만큼 공항 시설 이용객들을 위한 서비스의 범위도 제한적입니다. 덧붙여 미국에서는 공항을 이용하는 승객들이 인종에 상관없이 영어를 잘할 것이라는 인식이 강하기 때문에 통역 서비스가 제공되지 않는 공항이 많습니다. 따라서 미국 공항을 이용할 때는 승객 스스로가 탑승 수속 과정을 잘 밟을 수 있도록 그에 따른 절차 및 필요 사항들을 미리 알아두고 준비해 가는 것이 좋습니다.

▶ 엄격한 미국의 입국 심사

미국의 입국 심사는 엄격하기로 유명합니다. 그리고 입국 심사 시 모국어가 아닌 외국어를 사용해야 하기 때문에 유독 긴장하게 되죠. 하지만 입국 심사의 목적은 입국자들의 방문 목적과 돌아가는 시기 등의 정보를 확인하여 본국으로 입국을 허용해도 되는지 여부를 판단하는 것입니다. 따라서 유창한 영어 실력을 요구하는 것이 아니므로 긴장하지 말고 입국 심사관의 질문에 솔직하고 정확하게 답변하시면 됩니다.

▶ 세관 신고서를 작성할 때 유의점

미국 입국 시 '세관 신고서(Customs Declaration)'를 작성할 때 반입이 허용되지 않는 물건은 없는지 잘 살피고 거짓 없이 정확히 기록하는 것이 중요합니다. 예를 들어 미화로 현금 10,000달러 이상을 갖고 입국할 경우 반드시 세관 신고서를 작성해야 합니다. 만약 소지한 현금의 액수를 적지 않거나 거짓으로 적었는데 추후 사실이 아닌 것으로 드러날 경우 다른 사항에서도 거짓말을 할 수 있는 사람으로 보이기 때문에 입국에 불리하게 작용할 수 있고 문제가 야기될 수 있습니다. 덧붙여, 입국 시 반입이 허가되지 않는 물건을 실수로 갖고 들어오게 된 경우 반입을 허용해 달라고 심사관에게 집요하게 부탁하거나 고집을 부리는 것은 좋지 않습니다. 이것은 그 나라의 법과 규정에 저항하는 것으로 보이기 때문에 입국에 불리하게 작용할 수 있으니 이런 행동을 하지 않도록 주의해야 합니다.

 **Scene 001**

MP3 001

탑승 수속을 할 때

탑승 수속을 할 땐 '항공권(boarding pass)'부터 발급받아야 합니다. 항공권 발급은 '① 항공사 탑승 수속 창구로 이동 → ② 여권과 전자 항공권(e-ticket) 출력물 제시 → ③ 항공권(boarding pass) 발급'의 순서로 하시면 되는데요. 예약이 확실하게 되어 있다면 여권만으로도 발권이 가능하지만, 항공사 홈페이지 예매 내역에서 '전자 항공권(e-ticket)'을 미리 출력해 가시면 좀 더 빠른 수속이 가능합니다.

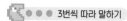 ● ● ● 3번씩 따라 말하기

Where is XYZ airlines check-in counter?

XYZ 항공사 탑승 수속 창구가 어디에 있나요?

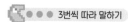 ● ● ● 3번씩 따라 말하기

Where can I get a ticket for XYZ airlines?

XYZ 항공사 티켓은 어디에서 받을 수 있나요?

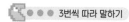 ● ● ● 3번씩 따라 말하기

Here is my passport and ticket.

여기 제 여권과 티켓이 있어요.

Expressions

e-ticket 전자 항공권(발권 및 구매 관련 정보가 예약 시스템상에 기록되어 있는 전자식 항공권) airline 항공사 check-in counter 체크인 카운터(공항의 탑승 수속 창구) Here is/are ~. ~이 있어요. passport 여권

18 미국에서 기죽지 않는 쓸만한 영어

 **Scene 002**

비행기 좌석을 정할 때

보통은 '창가 좌석(window seat)'을 선호하는 경향이 많은데, 본인이 화장실을 자주 간다면 '복도 좌석(aisle seat)'을 택하는 것이 더 좋습니다. 그리고 좌석을 변경하고 싶은데 발권 시 좌석 변경이 불가능하다면 탑승 후 다른 승객에게 자리를 바꿔 달라고 부탁할 수 있습니다. 하지만 특별한 사유 없이 미국인 승객에게 좌석 변경을 부탁하면 의아해하거나 불편해할 수 있으니 주의해야 합니다.

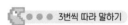 3번씩 따라 말하기

Can I get a window seat, please?

창가 자리로 해 주시겠어요?

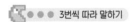 3번씩 따라 말하기

Can I get an aisle seat, please?

복도 자리로 해 주시겠어요?

 3번씩 따라 말하기

Can you make sure we are seated together?

저희 확실히 같이 앉게 해 주시는 거죠?

Expressions

Can I get ~, please? 제가 ~을 얻을 수 있을까요?(문맥상 상대방에게 '~로 해 주시겠어요?'라고 공손하게 부탁하는 말) Can you make sure ~? 확실히 ~하게 해 주시는 거죠? be seated (together) (같이) 앉다

수하물을 부칠 때 듣는 질문

항공사 직원이 여러분께 수하물에 대해 질문할 때 기계적으로 너무 빨리 말한다는 느낌이 들 수 있습니다. 왜냐하면 매일같이 많은 사람들을 대상으로 같은 질문을 반복해서 하는 데다 외국인 승객이라도 당연히 영어를 할 줄 알 거라 생각하는 경향이 강하기 때문입니다. 그러니 항공사 직원이 기계적으로 빠르게 말한다 해도 긴장하지 않고 자신 있게 답할 수 있도록 미리 준비해 가는 게 좋겠죠?

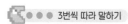

● ● ● 3번씩 따라 말하기

How many bags are you checking in?

가방은 몇 개를 부치실 건가요?

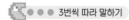

● ● ● 3번씩 따라 말하기

Can you place your bag on the scale?

가방을 저울에 올려 주세요.

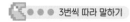

● ● ● 3번씩 따라 말하기

How many carry-on bags are you taking with you?

기내로 갖고 들어가는 가방은 몇 개인가요?

Expressions

check (in) (짐 등을) 부치다 Can you ~? ~해 주시겠어요?(문맥상 상대방에게 '~해 주세요'라고 부탁하는 말) place A on B A를 B에 놓다 scale 저울 carry-on (bag) 기내용 가방 take ~ (with you) ~을 갖고 들어가다

 **Scene 004**

부칠 수하물이 있을 때

수하물을 접수할 땐 항공사 규정에서 허용하는 전체 수하물의 무게와 개수를 확인한 뒤 부칠 짐과 기내에 반입할 짐의 개수를 알려주면 됩니다. 수하물 규정은 항공사 별로 상이한데, 미국 항공사의 경우 기내로 갖고 들어가는 짐에 대해서 까다롭게 묻고 확인할 수 있습니다. 작은 손톱깎이 하나라도 위험 요소라 여겨진다면 기내 반입이 허용되지 않으니 이 점에 반드시 유의해야 합니다.

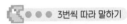 3번씩 따라 말하기

How many bags can I check?

가방을 몇 개나 부칠 수 있나요?

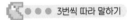 3번씩 따라 말하기

I have two pieces of luggage to check in.

부칠 수하물이 두 개 있어요.

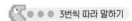 3번씩 따라 말하기

I have two bags to check in and one to carry on.

부칠 가방은 두 개 있고, (비행기에) 갖고 탈 가방은 한 개 있어요.

Expressions

baggage/luggage 짐, 수하물(여러 개의 가방이 있는 짐이라도 하나의 짐 더미(꾸러미)로 보기 때문에 '단수'로만 사용) I have ~. 저는 ~을 갖고 있어요.(즉 '제겐 ~이 있어요'라는 말) carry on (짐 등을) 들/어깨에 메고 가다

 **Scene 005**

경유지를 거쳐가는 수하물이 있을 때

경유지를 거쳐가는 일정인 경우 수하물이 최종 목적지까지 자동으로 도착하는지 확인할 필요가 있습니다. 따라서 탑승 수속을 할 때 수하물을 경유지에서 찾은 다음 다시 부쳐야 하는지, 아니면 최종 목적지까지 곧장 한 번에 가는지 직원에게 확인하는 것이 좋습니다.

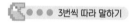 3번씩 따라 말하기

I have a stopover in Tokyo. Do I need to pick up my luggage there?

제가 도쿄를 경유하는데요. 제가 그곳에서 짐을 찾아야 하나요?

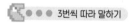 3번씩 따라 말하기

Will my luggage go straight through, or do I need to pick it up in Tokyo?

제 짐이 (목적지까지) 곧장 가요. 아니면 도쿄에서 짐을 찾아야 하나요?

3번씩 따라 말하기

Do I need to claim my luggage and recheck it?

제 짐을 찾아서 다시 부쳐야 하나요?

Expressions

stopover 경유지 pick up (짐을) 찾다 go straight through 곧장 가다 claim (짐을) 찾다 recheck (짐을) 다시 부치다

 **Scene 006**

수하물의 무게가 초과할 때

수하물을 부칠 때 무게가 초과한다면 초과 수하물 요금을 지불하거나 무게를 줄여 규정 무게에 맞추면 됩니다. 만약 항공사의 수하물 규정이 수하물의 '무게'가 아닌 '개수'를 기준으로 되어 있을 경우, 초과 수하물 요금은 초과한 짐의 '개수'를 기준으로 매겨집니다.

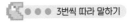 3번씩 따라 말하기

How much is the excess baggage fee?

초과 수하물 요금이 얼마인가요?

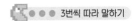 3번씩 따라 말하기

If my luggage is overweight, how much more do I have to pay?

만약 제 짐이 무게가 초과한다면 제가 돈을 얼마나 더 내야 하나요?

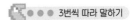 3번씩 따라 말하기

Can you give me a few minutes? I'll take some things out to lighten it.

잠깐 시간 좀 주시겠어요? 물건을 몇 개 빼서 짐을 가볍게 할게요.

Expressions

How much is/are ~? ~은 얼마인가요? excess baggage fee 초과 수하물 요금 overweight 무게가 더 나가는 pay 지불하다, 돈을 내다 take ~ out ~을 꺼내다 lighten 가볍게 해 주다, 덜어 주다

 **Scene 007**

🔊 MP3 007

기내 서비스를 요청할 때

미국 항공사를 이용할 경우 기내식, 간식, 음료 서비스, 기타 서비스가 유료인 경우가 있습니다. 이와 같은 서비스 유료화는 저가 항공사에 해당하는 경우가 대부분이었는데, 요즘에는 예전보다 더 많은 항공사가 콜라 한 캔, 칩 한 봉지에서부터 이어폰 대여 서비스까지 유료로 전환하고 있으니 미리 확인해 둘 필요가 있습니다.

 3번씩 따라 말하기

Can I get chicken with salad, please?

저는 샐러드를 곁들인 치킨으로 주세요.

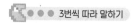 3번씩 따라 말하기

Can I have an extra blanket and a pillow?

담요와 베개를 하나씩 여분으로 더 받을 수 있을까요?

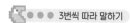 3번씩 따라 말하기

Can I get headphones instead of earbuds?

귀에 꽂는 이어폰 대신 헤드폰으로 주실 수 있나요?

Expressions

Can I get ~? ~을 얻을 수 있을까요?(문맥상 '~으로 주세요, ~으로 주실 수 있나요?' 라고도 해석 가능) Can I have an extra ~? ~을 하나 더 여분으로 가질 수 있을까 요?(문맥상 '~을 하나 더 여분으로 얻을 수(받을 수) 있을까요?'라는 의미) blanket 담요 pillow 베개 headphones 헤드폰 earbuds (귀에 꽂는) 이어폰 instead of ~ ~ 대신에

Scene 008

🔊 MP3 008

입국 심사관이 묻는 질문

입국 심사의 주된 목적은 그 나라 사람이 아닌 다른 나라 사람이 본국으로 들어와도 되는지 여부를 확인하는 것입니다. 따라서 수려한 영어 실력을 갖춰 말하는 게 중요한 것이 아니라, 자신의 입국 목적과 돌아가는 시기를 정확하게 전달하는 것이 중요합니다. 그러면서 '왕복 항공권' 출력물을 보여 주면 되는데, 이때 전화기에 저장해 놓은 항공권 사진이나 이메일을 보여 주는 것은 의미가 없으니 참고하세요.

 ● ● ● 3번씩 따라 말하기

Can I see your passport?

여권 좀 보여 주시겠습니까?

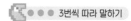 ● ● ● 3번씩 따라 말하기

What's the purpose of your visit?

방문 목적이 무엇입니까?

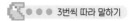 ● ● ● 3번씩 따라 말하기

How long are you going to stay?

얼마 동안 계실 건가요?

Expressions

Can I see ~? ~을 볼 수 있을까요?(문맥상 '~을 좀 보여 주시겠어요?'라는 의미)
What's the purpose of ~? ~의 목적이 무엇입니까? visit 방문, 방문하다 How long are you going to ~? 얼마나 오래(얼마 동안) ~할 건가요?('going to'는 대부분 'gonna'로 빠르게 줄여서 발음) stay 묵다, 머무르다

 **Scene 009**

2차 입국 심사를 받게 될 때

1차 입국 심사 시 입국자가 무언가 미심쩍은 부분이 있다고 판단되면 CBP(Customs and Border Protection/Patrol: 미국 세관 및 국경 보호국) 요원이 2차 입국 심사실로 데려갈 수 있습니다. 하지만 '2차 심사(Secondary Screening)'를 받는다고 해서 무조건 입국을 거부당하는 것은 아니니 거짓이나 잘못이 없다면 불안해하지 말고 묻는 말에만 침착하게, 간단히 답변하면 됩니다. 영어가 편하지 않을 경우엔 통역을 요청해서 도움을 받는 것도 좋은 방법입니다.

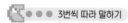 3번씩 따라 말하기

English is not my best language.

영어는 내가 가장 잘할 수 있는 언어가 아니에요.

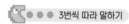 3번씩 따라 말하기

I need a Korean interpreter.

한국어 통역사가 필요해요.

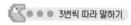 3번씩 따라 말하기

Can you call a Korean interpreter?

한국어 통역사를 불러 주세요.

Expressions

English is not my best language. 영어는 내가 가장 잘 할 수 있는 언어가 아니에요.(문맥상 '전 영어를 잘 못해요'라는 의미) interpreter 통역사 Can you call ~? ~을 불러 주시겠어요?(문맥상 '~을 불러 주세요'라는 의미)

입국 심사 시 방문 목적을 말할 때

하루에도 수많은 입국자를 대하며 입국 심사를 하는 심사관들은 입국
자들의 영어 실력을 보기 위해 입국 심사를 하는 것이 아닙니다. 바로
입국자들의 '방문 목적이 무엇인지'를 파악하기 위해 심사를 하는 것이
지요. 따라서 긴장하지 말고 묻는 말에 간단하고 솔직하게 '정확히' 답
변하면 됩니다. 덧붙여 'Yes/No'로 정확히 답변하기 헷갈리는 질문이
있을 땐 질문의 내용이 자기 생각에 맞는 것 같으면 'Right/Correct'로
답하는 것도 좋은 방법입니다.

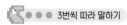 ● ● ● 3번씩 따라 말하기

I'm here to visit my relatives.

저는 여기 친척들을 방문하러 왔어요.

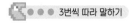 ● ● ● 3번씩 따라 말하기

I'm on vacation.

휴가차 왔습니다.

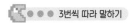 ● ● ● 3번씩 따라 말하기

I'm here to attend a business conference.

저는 비즈니스 회의에 참석하려고 이곳에 왔어요.

Expressions

I'm here to V. 저는 여기 ~하러 왔어요. visit 방문, 방문하다 relative 친척 I'm on
vacation. 저는 휴가 중입니다.(한국어로 자연스럽게 풀이하면 '저는 휴가차 왔습니다'
라는 의미) attend 참석하다 business conference 비즈니스 회의

체류 기간 및 장소를 말할 때

체류할 장소와 기간에 대해 보증할 수 있는 서류가 있다면 이를 미리 출력해 둔 뒤 심사관에게 보여 주는 것도 좋습니다. 왕복 항공권과 마찬가지로 인터넷으로 예매한 정보가 본인의 이메일이나 전화기에 저장이 되어 있다 하더라도 이를 출력하여 '사본'으로 보여 주는 것만큼 의심을 사지 않고 입국 심사를 빨리 끝낼 수 있는 방법은 없습니다.

 3번씩 따라 말하기

I'll be here for about a month.

전 여기에 약 한 달 정도 있을 거예요.

 3번씩 따라 말하기

I'll stay at my aunt's place for two months.

전 저희 고모 댁에서 두 달 동안 지낼 거예요.

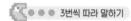 3번씩 따라 말하기

I'm going to stay at the Ritz.

전 리츠칼튼 호텔에 머물 거예요.

Expressions

I'll be here for 기간. 저는 여기에 ~ 동안 있을 거예요. about a month 약 한 달(칼같이 하루의 오차도 없이 '1달, 2달'이라고 말하는 것보다 'about a month(대략 1달), about two months(약 2달)'와 같이 말하는 것이 더 자연스러움) I'll stay at 장소 for 기간. 저는 ~에서 ~ 동안 지낼 거예요. I'm going to stay at 장소. 저는 ~에서 머물 거예요.

 **Scene 012**

보유한 항공권 및 현금을 밝힐 때

입국 심사 시 본국으로 돌아간다는 사실을 증명하는 왕복 항공권을 출력물로 지참하는 것은 필수라고 생각하는 것이 좋습니다. 소지한 현금에 대한 질문으로는 갖고 있는 현금 액수가 얼마인지 물어보는 것 외에 선물로 갖고 들어오는 물건의 가격을 물어보는 경우도 있습니다. 이때 한 치의 오차도 없이 100% 정확한 금액을 말할 필요는 없지만, 거짓말을 하는지 보기 위한 심사관의 의도가 있을 수 있으니 비슷한 금액의 숫자를 영어로 말하는 연습을 미리 해 두면 좋습니다.

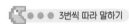 ● ● ● 3번씩 따라 말하기

Here is my return ticket. / Here you are.

여기 제 왕복 항공권입니다. / 여기 있습니다.

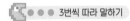 ● ● ● 3번씩 따라 말하기

I have 5,000 dollars.

5,000달러가 있어요.

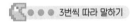 ● ● ● 3번씩 따라 말하기

I brought 2,500 dollars.

2,500달러를 가지고 왔어요.

Expressions

Here you are. 여기 있습니다.('Here you are'이라는 말은 상대방에게 무언가를 건네면서 '자, 여기 있습니다'라고 말할 때 쓰는 표현) return ticket 왕복표(문맥상 '왕복 항공권') bring 가지고 오다(과거형은 'brought')

 **Scene 013**

세관 신고를 할 때

기내에서 미리 세관 신고서를 작성했어도 입국 심사를 할 때 심사관이 'Do you have anything to declare?(세관 신고할 것이 있으신가요?)'라는 질문을 할 수 있습니다. 이때 미리 작성한 세관 신고서의 내용과 다르지 않게 대답하는 것이 좋습니다. 또한 반입이 허용되지 않는 물건에 대해 허용해 달라고 조르거나 불쾌한 감정을 드러내는 등의 행동을 하면 당연히 입국에 불리하게 작용하니 그런 행동은 삼가는 게 좋습니다.

 ● ● ● 3번씩 따라 말하기

I have two bottles of wine.

와인 2병을 가지고 왔어요.

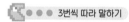 ● ● ● 3번씩 따라 말하기

Nothing to declare.

신고할 게 아무것도 없습니다.

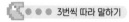 ● ● ● 3번씩 따라 말하기

I bought two cartons of cigarettes at duty free.

면세점에서 담배 2보루를 샀어요.

Expressions

bottle 병 Nothing to V. ~할 게 아무것도 없습니다. declare 신고하다 buy 사다, 구매하다(과거형은 'bought') carton 한 갑(의 양), (물건이 여러 개가 든) 상자/통 cigarette 담배 duty free (shop) 면세점

 **Scene 014** 🔊 MP3 014

수하물을 찾을 때

짐을 찾을 때 짐이 너무 많거나 무거우면 짐을 싣고 옮기는 것을 도와줄 수 있는 '포터(porter)'에게 도움을 청할 수 있습니다. 그리고 포터 서비스를 이용한 후엔 팁을 줘야 하는데, 팁을 줄 땐 지폐 잔돈(동전 잔돈은 무례하고 불편함)으로 주는 것이 좋습니다. 일반적인 짐을 입구까지 옮겨 줬을 땐 보통 미화 2~3 dollars 정도를 팁으로 주고, 무겁고 많은 짐을 옮겨 줬을 땐 그 이상의 팁을 현금으로 주면서 'Thank you(감사합니다)'라고 답례 인사를 건네면 좋습니다.

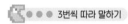 ● ● ● 3번씩 따라 말하기

Excuse me, where can I pick up my bags?

실례지만, 제 가방을 어디에서 찾을 수 있나요?

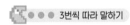 ● ● ● 3번씩 따라 말하기

Where is the baggage claim area?

수하물을 찾는 곳이 어디인가요?

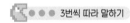 ● ● ● 3번씩 따라 말하기

Can you help me with my bags, please?

제 가방을 옮기는 것 좀 도와주실 수 있나요?

Expressions

pick up (짐 등을) 찾다 baggage claim area 수하물 찾는 곳 Can you help me with ~? ~에 대해 도와줄 수 있나요?(위에선 with 뒤에 'my bags(내 가방)'가 쓰였기 때문에, 문맥상 '제 가방을 옮기는 것 좀 도와주실 수 있나요?'라고 해석하는 것이 자연스러움)

Review & Practice

01 XYZ 항공사 탑승 수속 창구가 어디 있나요?

_____

02 창가 자리로 해 주시겠어요?

_____

03 부칠 수하물이 두 개 있어요.

_____

04 제 짐을 찾아서 다시 부쳐야 하나요?

_____

05 초과 수하물 요금이 얼마인가요?

_____

06 담요와 베개를 하나씩 여분으로 더 받을 수 있을까요?

_____

07 한국어 통역사를 불러 주세요.

_____

08 저는 여기 친척들을 방문하러 왔어요.

_____

09 전 여기에 약 한 달 정도 있을 거예요.

_____

10 여기 제 왕복 항공권입니다.

_____

11 신고할 게 아무것도 없습니다.

_____

12 수하물 찾는 곳이 어디인가요?

_____

─── 정답 ───

01 Where is XYZ airlines check-in counter?
02 Can I get a window seat, please?
03 I have two pieces of luggage to check in.
04 Do I need to claim my luggage and recheck it?
05 How much is the excess baggage fee?
06 Can I have an extra blanket and a pillow?
07 Can you call a Korean interpreter?
08 I'm here to visit my relatives.
09 I'll be here for about a month.
10 Here is my return ticket.
11 Nothing to declare.
12 Where is the baggage claim area?

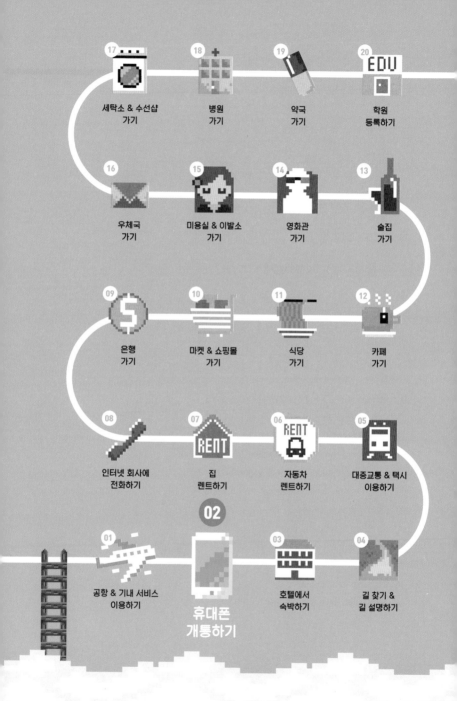

17 세탁소 & 수선샵
가기

18 병원
가기

19 약국
가기

20 학원
등록하기

16 우체국
가기

15 미용실 & 이발소
가기

14 영화관
가기

13 술집
가기

09 은행
가기

10 마켓 & 쇼핑몰
가기

11 식당
가기

12 카페
가기

08 인터넷 회사에
전화하기

07 집
렌트하기

06 자동차
렌트하기

05 대중교통 & 택시
이용하기

01 공항 & 기내 서비스
이용하기

02 휴대폰
개통하기

03 호텔에서
숙박하기

04 길 찾기 &
길 설명하기

Mission 2

휴대폰
개통하기

미국에서
휴대폰을 개통하는
세 가지 방법

미국에서 장기 거주가 아닌 단기 체류를 하는 경우, 휴대폰을 사용할 수 있는 대표적인 방법엔 아래와 같이 세 가지가 있습니다.

▶ 첫째, 미국 현지 선불폰(prepaid phone) 사용하기

첫 번째 방법은 바로 이용 요금을 미리 지불하고 나서 사용하는 방식의 선불폰(prepaid phone)을 구매하는 것입니다. 우선 마켓이나 편의점으로 가서 계산대 근처에 휴대폰 기기와 함께 미리 지불할 금액이 적혀 있는 카드를 구매합니다. 그럼 선불카드 뒷면에 안내 사항과 함께 고객센터 번호가 적혀져 있는데, 이 번호로 전화를 해서 휴대폰을 개통(activate)하면 바로 사용할 수 있습니다. 이 같은 선불폰은 개통할 때 애초 계약이 불필요하기 때문에 휴대폰 사용을 정지하고 싶을 땐 기타 비용에 신경 쓸 필요 없이 요금을 다시 충전하지 않으면 자동으로 이용 정지가 되는 것이 가장 큰 장점입니다.

▶ 둘째, 심카드(SIM card)만 구매하여 사용하기

본인의 휴대폰을 가지고 미국에 입국했을 땐 심카드(SIM card)만 따로 구매하여 이를 휴대폰에 꽂아 사용할 수 있습니다. 미국 심카드를 휴대폰에 꽂으면 미국 휴대폰 번호가 나오기 때문에 별도의 가입 절차 없이 본인의 휴대폰을 미국에서 사용할 수 있습니다. 그리고 미국 통신사의 요금제를 이용하는 것이기 때문에 해외 로밍 서비스를 이용하는 것보다 비용이 훨씬 저렴합니다.

▶ 셋째, 대여폰(rental phone) 사용하기

세 번째 방법은 바로 미국 통신사(provider/carrier)의 서비스를 받을 수 있는 대여폰(rental phone)을 사용하는 것입니다. 휴대폰을 대여할 땐 본인의 체류 기간과 이동 경로를 파악해두는 것이 좋습니다. 왜냐하면 휴대폰을 반납할 때 대여 장소와 최종 목적지가 일치하지 않는 경로로 이동할 경우 다른 곳에서 대여폰을 반납할 수 있는지도 확인해야 하고, 또는 데이터 용량을 초과했거나 해지/반납이 지연되는 일이 발생했을 때 적용되는 규정은 무엇인지 미리 확인하여 손해 보는 일이 없도록 해야 하기 때문입니다. 참고로 미국의 대표적인 통신사엔 Verizon, Tmobile, AT&T, Sprint 등이 있습니다.

 **Scene 015**

 MP3 015

선불폰(prepaid phone)을 구매할 때

짧은 방문 기간 동안 통화 목적으로만 휴대폰을 사용한다면, 저렴한 가격으로 구매하여 손쉽게 개통할 수 있는 '선불폰(prepaid phone)'을 사용하는 것도 좋습니다. 선불폰은 사용할 요금을 미리 지불하는 방식의 휴대전화인데, 마켓이나 편의점에서 쉽게 구매 가능하며 선불 요금 소진 후 자동으로 해지됩니다. 선불폰은 선불 요금만 넘지 않게 잘 사용한다면 해외에서 사용하기에 효율적인 휴대전화입니다.

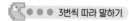 3번씩 따라 말하기

I am looking for a prepaid phone.

선불폰을 찾고 있어요.

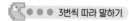 3번씩 따라 말하기

Can I get a prepaid phone?

선불폰을 살 수 있을까요?

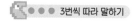 3번씩 따라 말하기

Can you recommend the best monthly prepaid phone?

가장 좋은 월정액 선불폰 좀 추천해 주시겠어요?

Expressions

look for ~ ~을 찾다 Can you recommend ~? ~ 좀 추천해 주시겠어요? monthly
매월의, 다달이 지불하는

 **Scene 016** MP3 016

심카드(SIM card)를 구매할 때

한국어로도 심카드라고 불리는 SIM(Subscriber Identity Module) Card 는 '가입자 식별 모듈 카드'인데, 전화번호와 네트워크 기능을 쓸 수 있 게 해주는 칩으로 전화기에 꽂아 사용합니다. 본인의 전화기를 갖고 해 외에 갔을 경우 심카드를 공항에서 구매해 이용하면 인터넷과 더불어 본인 전화기에 탑재된 기능을 모두 사용할 수 있어 편리합니다.

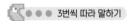 3번씩 따라 말하기

I have my own phone. Can I just get a SIM card?

저한테 전화기는 있어요. 심카드만 살 수 있을까요?

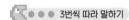 3번씩 따라 말하기

Can I just buy a SIM card for 10 days?

열흘 동안 사용할 심카드만 살 수 있을까요?

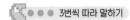 3번씩 따라 말하기

I am looking for a SIM card with international minutes as well as data.

국제 전화와 데이터를 쓸 수 있는 심카드를 찾고 있어요.

Expressions

Can I just get/buy ~? ~만 살 수 있을까요?('get(구하다)'은 쇼핑 시 '사다'라고도 풀이 가능) for ~ day(s) ~일 동안 as well as ~에 더하여, ~뿐만 아니라

대여폰(rental phone)을 쓰고 싶을 때

본인이 가져간 휴대폰에 심카드가 맞지 않아 사용할 수 없거나 통화만
되는 선불폰이 불편하다면, 인터넷과 전화 통화가 모두 가능한 '대여폰
(rental phone)'을 쓰는 방법도 있습니다. 요즘은 휴대폰으로 인터넷 메
시지를 주고받거나 정보를 검색하고 GPS(Global Positioning System)
도 많이 이용하기 때문에 대여폰을 사용하는 것 또한 유용합니다.

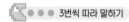 3번씩 따라 말하기

I'd like to rent a phone. / Can I rent a phone?

전화기를 대여하고 싶은데요. / 전화기를 대여할 수 있나요?

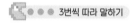 3번씩 따라 말하기

Are there any good plans for 2 weeks?

2주 동안 쓰기에 좋은 약정이 있나요?

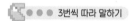 3번씩 따라 말하기

I'm going to stay in LA for a month. Which plans are best for travelers?

LA에 한 달 동안 머물 거예요. 어떤 약정이 여행객들한테 가장 좋은가요?

Expressions

I'd like to V. ~하고 싶은데요. rent 대여하다 plan 계획하다, 계획(문맥상 '(휴대폰의)
약정'이라고 풀이) for ~ week(s)/month(s) ~주/~달 동안

 **Scene 018**

데이터 사용 요금에 관해 물을 때

미국은 데이터 무제한 사용이 보편화되어 있지 않아 인터넷/데이터 사용량(GB)에 따라 가격이 달라지는 경우가 많기 때문에, 휴대폰 구매 시데이터 사용 요금에 대한 부분은 필히 언급됩니다. 참고로 미국은 대지가 넓고 한국처럼 초고속 인터넷이 발달하지 않았기 때문에 산이나 바다와 같은 관광지에서는 인터넷 사용이 수월하지 않을 수도 있습니다.

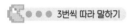 3번씩 따라 말하기

How much are the data plans?

데이터 약정 가격이 어떻게 되나요?

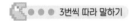 3번씩 따라 말하기

How much more do you charge for data overages?

데이터 용량을 초과해서 사용하면 얼마나 더 내야 하나요?

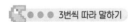 3번씩 따라 말하기

How much more do you charge if I exceed my plan?

약정을 초과해서 사용하면 얼마를 더 내야 하나요?

Expressions

How much more do you charge? 얼마를 더 부과할 건가요?(즉 '제가 얼마를 더 내야 하나요?'라는 의미) data overages 데이터 용량 초과 exceed 초과하다

국제 전화 요금에 관해 물을 때

인터넷이 필수인 만큼 요즘에는 인터넷 전화가 보편화되어 있기 때문에 심카드 구매 시 국제 전화에 필요한 데이터와 예상 비용을 미리 확인해 두면 좋습니다. 이렇게 필요한 사항들을 미리 확인하고 계획해 두면 추후 당황스럽거나 번거로운 상황을 예방할 수 있겠죠?

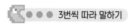 3번씩 따라 말하기

What is the rate for overseas calls?

해외 전화 요금은 얼마인가요?

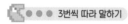 3번씩 따라 말하기

What is the rate for international calls?

국제 전화 요금은 얼마인가요?

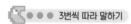 3번씩 따라 말하기

If I use this phone with a SIM card and make an international call, how much more do I have to pay?

심카드로 이 전화를 써서 국제 전화를 하면 요금을 얼마나 더 내야 하나요?

Expressions
---
overseas/international call 해외/국제 전화 What is the rate for ~? ~의 요금은 얼마인가요? make a call 전화를 걸다, 통화하다('make an international call'이라고 하면 '국제 전화를 걸다'라는 의미)

 **Scene 020**

해지 또는 반납할 때

해외여행을 하면서 일정상 이동이 잦거나 최종 목적지가 전화기를 대여한 장소와 멀리 떨어져 있을 수도 있으니 아예 전화기를 대여할 때대여한 장소에서만 전화기를 반납할 수 있는지, 아니면 다른 지역에서도 반납이 가능한지 여부를 미리 확인해 두는 것이 좋습니다.

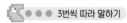 **3번씩 따라 말하기**

Do I have to come back here to cancel the service?

서비스를 해지하려면 여기로 다시 와야 하나요?

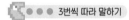 **3번씩 따라 말하기**

How do I return this (phone) when I go back to Korea?

한국으로 돌아갈 때 이 전화기는 어떻게 반납하나요?

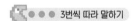 **3번씩 따라 말하기**

Are there other locations where I can cancel the service?

서비스를 해지할 수 있는 다른 곳이 있나요(다른 곳에서 해지할 수 있나요)?

Expressions

---

cancel the service 서비스를 해지하다 return the phone 전화기를 반납하다
location (마켓 또는 다른 서비스 기관들의) 분점/지점

Review & Practice

01 선불폰을 찾고 있어요.

_____

02 가장 좋은 월정액 선불폰 좀 추천해 주시겠어요?

_____

03 저한테 전화기는 있어요. 심카드만 살 수 있을까요?

_____

04 국제 전화와 데이터를 쓸 수 있는 심카드를 찾고 있어요.

_____

05 전화기를 대여하고 싶어요.

_____

06 어떤 약정이 여행객들한테 가장 좋은가요?

_____

07 데이터 약정 가격이 어떻게 되나요?

_____

08 데이터 용량을 초과해서 사용하면 얼마나 더 내야 하나요?

_____

09 국제 전화 요금은 얼마인가요?

_____

10 서비스를 해지하려면 여기로 다시 와야 하나요?

_____

11 한국으로 돌아갈 때 이 전화기는 어떻게 반납하나요?

_____

12 서비스를 해지할 수 있는 다른 곳이 있나요?

_____

정답

01 I am looking for a prepaid phone.

02 Can you recommend the best monthly prepaid phone?

03 I have my own phone. Can I just get a SIM card?

04 I am looking for a SIM card with international minutes as well as data.

05 I'd like to rent a phone.

06 Which plans are best for travelers?

07 How much are the data plans?

08 How much more do you charge for data overages?

09 What is the rate for international calls?

10 Do I have to come back here to cancel the service?

11 How do I return this (phone) when I go back to Korea?

12 Are there other locations where I can cancel the service?

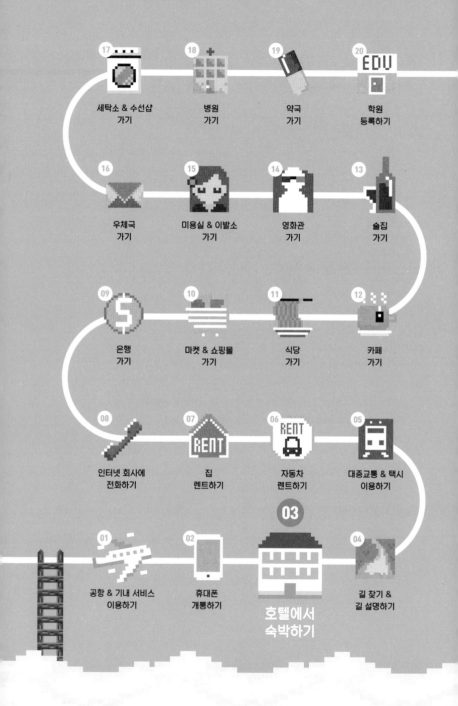

17 세탁소 & 수선샵
가기

18 병원
가기

19 약국
가기

20 학원
등록하기

16 우체국
가기

15 미용실 & 이발소
가기

14 영화관
가기

13 술집
가기

09 은행
가기

10 마켓 & 쇼핑몰
가기

11 식당
가기

12 카페
가기

08 인터넷 회사에
전화하기

07 집
렌트하기

06 자동차
렌트하기

05 대중교통 & 택시
이용하기

01 공항 & 기내 서비스
이용하기

02 휴대폰
개통하기

03 호텔에서
숙박하기

04 길 찾기 &
길 설명하기

Mission 3

호텔에서 숙박하기

미국에서
호텔 이용 시
꼭 알아두어야 할 점

나라마다 호텔을 이용하는 데 있어 그렇게 큰 차이점은 없지만, 미국을 방문해서 호텔에 머물 경우엔 알아두어야 할 점이 몇 가지 있습니다.

▶ 첫째, 체크인은 예약자 본인이 직접 해야 한다.

체크인 시 신분증을 확인할 때 이것이 실제 예약자의 신분과 일치하지 않는 경우 입실이 허용되지 않습니다. 따라서 친구나 가족과 같은 일행이 호텔에 먼저 도착해서 예약자의 이름을 말한다 해도 입실할 수 없습니다.

▶ 둘째, 예약 변경 및 취소는 전화 통화로 해야 한다.

예약은 인터넷으로 쉽게 할 수 있지만, 변경 및 취소는 반드시 전화 통화로 해야 합니다. 이때 계산과 관련된 부분은 정확하게 마무리되었는지 확인할 수 있도록 이메일로 관련 사항을 보내 달라고 부탁하는 것이 좋습니다.

▶ 셋째, 호텔 리조트 사용 비용은 일괄적으로 부과된다.

미국 호텔에서는 투숙 시 수영장, 스파, 헬스클럽 등의 여가 시설을 사용하지 않았더라도 매일 이용하는 부가 서비스 비용으로 합산되어 호텔 이용료에 부과됩니다.

▶ 넷째, 입실과 퇴실 시간이 매우 정확히 지켜진다.

체크인 시간보다 일찍 도착했을 때 빠른 입실을 허용하는 경우는 거의 없으며, 정해진 퇴실 시간보다 늦게 퇴실을 할 경우에는 벌금(late check-out fee)이 부과됩니다. 단 호텔마다 차이는 있지만 'early check-in(빠른 입실)'과 'late check-out(늦은 퇴실)'을 신청할 수 있는 곳이 있으며 이를 이용하는 데에는 추가 비용이 부과됩니다.

▶ 다섯째, 팁 문화에 익숙해져야 한다.

짐을 옮기는 데 도움을 받았을 시엔 평균 2~3달러 정도의 팁을 주며, 청소를 맡기는 하우스키핑을 매일 받았을 경우엔 매일 팁을 지불해야 합니다. 만약 하우스키핑 서비스를 받지 않았을 시엔 퇴실하는 날 호텔 비용의 최소 10%에서 최대 30% 정도의 팁을 베개 위나 침대 위에 올려놓으면 됩니다.

 **Scene 021**

🔊 **MP3 021**

호텔에 체크인(check-in)할 때

호텔에 체크인(check-in)할 때는 호텔 측에서 체크인하는 사람이 예약한 사람과 동일한 사람인지 신분 확인부터 한 다음 예약한 방으로 안내해 줍니다. 따라서 누구의 이름으로 예약했는지 정확히 언급해야 합니다. 덧붙여 체크인 시간보다 일찍 도착했다 하더라도 약속된 체크인 시간 이전엔 입실할 수 없기 때문에 체크인 시간을 정확히 묻고 파악해 두는 것이 좋습니다.

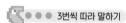 3번씩 따라 말하기

What time is check-in?

몇 시에 체크인할 수 있나요?

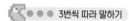 3번씩 따라 말하기

I made a reservation under the name of Ban.

반 씨 이름으로 예약했어요.

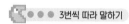 3번씩 따라 말하기

I booked a room for Jones.

존스라는 이름으로 객실을 예약했어요.

Expressions

check-in 투숙 수속, 체크인 make a reservation under the name of ~ ~ 이름으로 예약하다 book a room for ~ ~ 이름으로 객실을 예약하다

 **Scene 022**

 MP3 022

빈방이 있는지 확인할 때

사전 예약 없이 호텔을 이용하게 됐을 땐 호텔 측에 빈방이 있는지를 확인하면 되는데, 이때 투숙하려는 인원이 몇 명인지 밝히고 그 인원이 묵을 수 있는 빈방이 있는지 물으면 됩니다. 참고로 미국에서는 '투숙' 목적으로만 호텔을 이용하기 때문에 한국에서처럼 몇 시간 동안 방을 빌릴 수 있는 '대실 서비스'는 존재하지 않습니다.

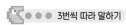 3번씩 따라 말하기

Do you have vacancies?

빈방이 있나요?

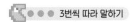 3번씩 따라 말하기

Do you have vacancies for a group of four adults and eight kids?

어른 네 명과 아이 여덟 명이 묵을 수 있는 빈방이 있나요?

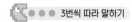 3번씩 따라 말하기

Do you have a room for two adults and two kids?

어른 두 명과 아이 두 명이 묵을 수 있는 방이 있나요?

Expressions

Do you have ~? 당신은 ~을 갖고 있나요?(문맥상 호텔(직원) 측에 '~이 있나요?'라고 묻는 말) vacancy 빈방, 빈 객실 a group of ~ ~의 그룹(단체)

Scene 023

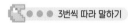

MP3 023

체크인하기 전 짐을 맡길 때

대부분의 호텔에서는 짐 보관 서비스를 제공하고 있습니다. 따라서 체크인 시간보다 일찍 도착했을 경우 호텔에 짐을 맡겨 놓고 입실할 때까지 다른 활동을 해도 됩니다. 체크인 시간보다 일찍 도착했다고 해서 아무것도 하지 않고 무작정 기다리기만 한다면 너무 지루하지 않을까요? 짐을 맡기고 식사를 한다던가, 주변을 산책한다던가, 이외 다양한 활동을 하며 좀 더 알차게 시간을 보내 보세요.

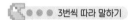 ● ● ● 3번씩 따라 말하기

We have to wait until check-in.

저희가 체크인할 때까지 기다려야 해서요.

● ● ● 3번씩 따라 말하기

Can you store my bags, please?

가방 좀 보관해 주실 수 있나요?

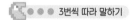 ● ● ● 3번씩 따라 말하기

We have to wait until check-in, can you keep my baggage?

저희가 체크인할 때까지 기다려야 하는데, 가방 좀 보관해 주실 수 있나요?

Expressions

We have to V. 저희가 ~해야 해서요. wait 기다리다 until ~ ~할 때까지 Can you V? ~해 주실 수 있나요? store 보관하다, 저장하다 keep (다른 사람이 못 가져가도록) 계속 지키다

맡긴 짐을 다시 찾을 때

맡긴 짐을 다시 찾을 땐 직원에게 2~3 dollars 정도의 팁을 주면서 'Thank you(감사합니다)'라는 인사를 함께 건네면 좋습니다. 미국의 호텔은 팁으로 운영된다고 해도 과언이 아닙니다. 대부분의 호텔 이용객들은 특별한 경우에만 팁을 주는 것이 아니라 짐 보관 서비스에서부터 기타 다양한 서비스에 대해 팁을 지불하고 있으며, 호텔 직원들 또한 서비스는 곧 팁이라는 인식이 강합니다. 그러니 짐을 다시 찾을 때 팁을 건네며 감사 인사를 전하는 걸 꼭 기억해 두세요.

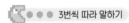 3번씩 따라 말하기

Can I get my bags back?

제 가방을 다시 돌려주시겠어요?

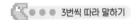 3번씩 따라 말하기

Thank you for keeping my bags.

가방을 보관해 주셔서 감사합니다.

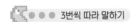 3번씩 따라 말하기

Thank you for storing our luggage safely.

저희 짐을 안전하게 보관해 주셔서 감사합니다.

Expressions

Can I get ~? 제가 ~을 받을 수 있을까요?(문맥상 호텔 직원에게 '~을 주시겠어요?'라고 부탁하는 말) get ~ back ~을 돌려받다 Thank you for V-ing. ~해 주신 것에 대해 감사합니다.

🔊 **MP3 025**

빨리 체크인/늦게 체크아웃 할 때

호텔 직원은 규정에 따라 일을 하기 때문에 정해진 체크인 시간과 체크아웃 시간을 엄격하게 지키는 편입니다. 따라서 직원에게 좀 더 빨리 체크인하고 싶다거나 좀 더 늦게 체크아웃하고 싶다고 부탁하는 것은 난감한 상황을 발생시킬 수 있습니다. 따라서 빠른 체크인과 늦은 체크아웃을 부탁하고 문의할 때엔 이에 따른 추가 비용 발생 여부에 대해서도 함께 문의하는 것이 좋습니다.

Can we do an early check-in?

체크인 시간보다 좀 더 일찍 들어갈 수 있나요?

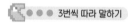

Can we do a late check-out?

체크아웃 시간보다 좀 더 늦게 나가도 될까요?

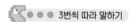

What is the earliest we can check-in?
Is there a fee for early check-in?

가장 빨리 방에 체크인할 수 있는 시간이 언제인가요?

일찍 체크인하면 비용이 발생하나요?

Expressions

do an early check-in 빠른 체크인(입실)을 하다 do a late check-out 늦은 체크아웃(퇴실)을 하다 fee for ~ ~에 대한 비용

 **Scene 026**

객실의 경관을 물을 때

투숙객이 객실의 경관이 어떤지 먼저 묻지 않는 이상 직원이 이를 먼저 말해주는 경우는 많지 않습니다. 따라서 체크인할 때 객실의 경관이 어떤지 직원에게 묻고 확인하는 것이 좋습니다. 예를 들어 호수나 시내 경관 등 자신의 방에서 보였으면 하는 경치가 있다면 방에서 이러한 풍경이 보이는지 직원에게 구체적으로 물어볼 수 있습니다.

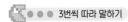 3번씩 따라 말하기

How's the view from that room?

객실 경관은 어떤가요?

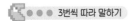 3번씩 따라 말하기

Does it have a view of the lake?

방에서 호수가 보이나요(호수가 보이는 방인가요)?

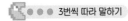 3번씩 따라 말하기

Does it have a view of the city?

방에서 시내 경관이 보이나요(시내 경관이 보이는 방인가요)?

Expressions

How's the view from ~? ~에서 보이는 경관은 어떤가요?(즉 '~의 경관은 어떤가요?'라는 말) Does it have a view of ~? 이곳(이 방)은 ~의 경관을 가지고 있나요?(이를 한국어로 자연스럽게 풀이하면 '이곳(이 방)에서 ~이 보이나요?'라는 의미로 생각해 볼 수 있음) view of the lake 호수 경관 view of the city 시내 경관

일행과 가까운 방을 쓰고 싶을 때

호텔마다 차이는 있지만, 대개의 경우 객실 벽에 있는 문을 여닫으며 두 개의 객실을 서로 연결해서 사용할 수 있는 '통용 객실(connecting room)'이 있습니다. 이러한 통용 객실을 일행과 함께 사용하고 싶을 경우 직원에게 이를 사용하고 싶다고 먼저 문의하면 별도의 부과 사용료 없이 배정받을 수 있습니다. 또는 통용 객실 외에 나란히 있거나 가까이 있는 객실을 문의할 수도 있습니다.

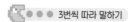 3번씩 따라 말하기

Can we get adjoining rooms?

서로 연결되어 있는 방으로 주실 수 있나요?

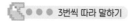 3번씩 따라 말하기

Can we get rooms (that are) side by side?

나란히 (옆에) 있는 방으로 주실 수 있나요?

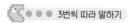 3번씩 따라 말하기

Can we get rooms that are near each other?

서로 가까이 있는 방으로 주실 수 있나요?

Expressions

Can we get ~? 저희가 ~을 얻을 수 있나요?(문맥상 호텔 직원에게 '~을 주실 수 있나요?'라고 부탁하는 말) adjoining rooms 방과 방이 중간 문으로 연결된 방 side by side 나란히 near each other 서로 가까운

Scene 028

객실의 위치를 바꾸고 싶을 때

배정받은 객실 층이 마음에 들지 않는다면 직원에게 원하는 층을 이야기하며 객실을 바꿔 달라고 요청할 수 있습니다. 단순히 객실 층이 마음에 들지 않으니 바꿔 달라고만 요청하면 직원이 변경 가능한 거의 모든 층의 객실을 제안하여 선택하게 되기 때문에 서로 간의 소통이 비효율적일 수 있습니다. 그러니 원하는 층을 정확히 얘기해야 서로 좀 더 빠르고 정확하게 소통할 수 있습니다.

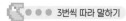 ● ● ● 3번씩 따라 말하기

Can you give me a room on a higher floor?

더 높은 층에 있는 방으로 주시겠어요?

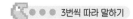 ● ● ● 3번씩 따라 말하기

Can you give me a room on a lower floor?

더 낮은 층에 있는 방으로 주시겠어요?

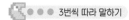 ● ● ● 3번씩 따라 말하기

Can you put me on the fifteenth floor?

15층으로 옮겨 주시겠어요?

Expressions

on a higher floor 더 높은 층에 있는 on a lower floor 더 낮은 층에 있는 Can you put me on the ~ floor? 저를 ~층에 놓아 주시겠어요?(직역을 하면 뜻이 다소 어색한데, 이를 한국식으로 자연스럽게 풀어서 말하면 '~층으로 해 주시겠어요?, ~층으로 옮겨 주시겠어요?'라는 의미)

객실 업그레이드를 하고 싶을 때

늘 같은 체인의 호텔을 이용하는 단골 투숙객에게는 객실 업그레이드 혜택을 제공하는 경우가 많습니다. 또한 비성수기, 주중에 투숙하는 경우나 허니문, 생일과 같이 특별한 날에 업그레이드해 줄 수도 있습니다. 호텔은 늘 투숙객에게 좋은 컨디션의 객실과 서비스를 제공하고 있다는 인상을 남기고 싶어 하기 때문에 시즌과 상황에 따라 업그레이드 기회가 찾아올 수 있으니 체크인 시 살짝 물어보는 건 어떨까요?

 ● ● ● 3번씩 따라 말하기

Would it be possible to upgrade my room?

좀 더 좋은 방으로 바꿀 수 있을까요?

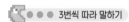 ● ● ● 3번씩 따라 말하기

Is it possible to upgrade my room?

좀 더 좋은 방으로 바꿀 수 있을까요?

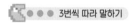 ● ● ● 3번씩 따라 말하기

I would like to upgrade my room to a two king bed room suite.

저희 방을 킹 사이즈 침대 두 개가 있는 방으로 업그레이드하고 싶어요.

Expressions

Would it be possible to V? ~할 수 있을까요?('it'은 문장 맨 뒤의 'to V'를 대신하는 가주어이기 때문에 따로 해석을 하지 않음) upgrade 업그레이드하다, 상위 등급으로 높이다 upgrade A to B A에서 B로 업그레이드하다

 MP3 030

짐이 많아서 도움이 필요할 때

짐이 너무 많거나 무거워 방까지 옮기기 힘들 때에는 호텔 카운터에 짐을 옮겨 줄 사람을 불러 달라고 요청하면 준비시켜 줍니다. 카운터에서 객실 호수를 이미 알고 있기 때문에 투숙객은 방에 먼저 가 있어도 되며, 짐을 옮겨 주는 직원(bell hop)이 짐을 가지고 왔을 때 2~3 dollars 정도의 팁, 혹은 짐의 양에 따라 적절한 팁을 주면 됩니다.

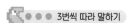 3번씩 따라 말하기

Can you call someone to help me with my bags?

제 가방을 옮겨 줄 사람 좀 불러 주실 수 있나요?

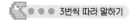 3번씩 따라 말하기

Can you call someone to help me with my luggage?

제 짐을 옮겨 줄 사람 좀 불러 주실 수 있나요?

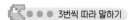 3번씩 따라 말하기

Can you arrange a porter for me?

짐꾼 한 분 좀 준비시켜(불러) 주실 수 있나요?

Expressions

Can you call someone to V? ~해 줄 사람 좀 불러 주실 수 있나요? help me with ~ 나를 ~와 관련해 돕다 arrange (준비)배정하다 porter 짐꾼

미니바(minibar)를 이용할 때

객실 내의 냉장고인 미니바(minibar)에는 음료, 주류, 간단한 먹거리가
준비되어 있기 때문에 언제든지 꺼내 먹을 수 있습니다. 단, 호텔 규정
및 객실 등급에 따라 무료와 유료로 서비스되는 음식의 범주가 다를
수 있기 때문에 체크인 시 이를 미리 확인하는 것이 좋습니다.

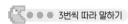 3번씩 따라 말하기

Is there a charge for taking drinks from the minibar?

미니바(냉장고) 안에 있는 음료를 마시면 돈을 내야 하나요?

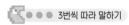 3번씩 따라 말하기

Anything from the minibar in the room will be charged?

방 안의 미니바(냉장고)에 있는 것은 뭐든 다 돈을 내야 하나요?

 3번씩 따라 말하기

What drinks are complimentary in the minibar?

미니바(냉장고)에서 무료로 마실 수 있는 음료는 뭔가요?

Expressions

minibar (호텔 객실의) 소형 냉장고 Is there a charge/fee for ~? ~에 돈을 내야
하나요? be charged (비용이) 청구되다 complimentary 무료의

 **Scene 032** 🔊 MP3 032

다른 객실과의 통화를 원할 때

다른 객실과 통화하고 싶을 땐 호텔 카운터에 전화해서 본인이 묵고 있는 객실 호수를 밝힌 뒤 연락하고 싶은 객실의 호수를 말하며 연결해 달라고 부탁하거나 메시지를 전달해 달라고 부탁하면 됩니다. 참고로 객실 호수를 말할 땐 'room number 숫자'가 아닌 'room 숫자'라고 말씀하시면 되는데요. 예를 들어 5호실은 'room number 5'가 아니라 'room 5'라고 하면 됩니다.

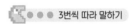 ● ● ● 3번씩 따라 말하기

I'm calling from 612.

저 612호인데요.

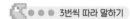 ● ● ● 3번씩 따라 말하기

Can you connect me to room 5?

5호실과 연결해 주시겠어요?

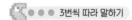 ● ● ● 3번씩 따라 말하기

Can you put me through (to) room 6?

6호실과 연결해 주시겠어요?

Expressions

I'm calling from ~. ~에서 전화하는 건데요.(from 뒤에 객실 호수를 넣어서 말하면 '저 ~호인데요'라는 의미) Can you V? 당신은 ~할 수 있나요?(이 말을 한국어로 공손하게 풀이하면 '~해 주시겠어요?'라는 의미) connect A to B / put A through (to) B A를 B에 연결하다

 **Scene 033**

 MP3 033

추가 서비스를 요청할 때

모닝콜 서비스를 요청할 때엔 'morning call'이 아니라 'wake-up call' 이라고 해야 합니다. 그리고 세탁이나 룸서비스와 같이 사람의 노동이 요구되는 서비스는 가격이 비싸고, 또한 가격에 따라 지불해야 하는 팁의 액수도 다르기 때문에 가격을 미리 확인해 두는 것이 좋습니다. 참고로 요금을 지불할 땐 서비스 이용 요금을 확인할 수 있는 영수증을 미리 받아볼 수 있으며, 요금은 체크아웃 시 한 번에 정산됩니다.

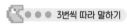 3번씩 따라 말하기

I'd like a wake-up call at 7.

7시에 모닝콜 부탁드립니다.

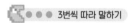 3번씩 따라 말하기

Can I get more blankets and towels?

이불과 수건을 더 받을 수 있을까요?

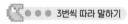 3번씩 따라 말하기

I'd like to use laundry service. How much do they usually cost?

세탁 서비스를 받고 싶은데요. 가격이 보통 얼마인가요?

Expressions

I'd like a wake-up call at 시간. ~시에 모닝콜 부탁드립니다. Can I get more ~? ~을 더 받을 수 있을까요? I'd like to V. ~하고 싶은데요. How much do/does ~ cost? ~은 비용이 얼마나 드나요?, ~은 가격이 얼마인가요?

 **Scene 034**

룸서비스를 이용할 때

호텔의 룸서비스를 주문하는 것은 식당에서 음식을 주문하는 방법과 매우 흡사합니다. 룸서비스는 보통 시간에 구애받지 않고 주문할 수 있어 편리하지만, 그만큼 가격이 비싼 편입니다. 룸서비스를 주문할 땐 자신이 묵는 객실 호수를 밝히고 필요한 걸 주문하면 되는데, 여러 가지 음식을 주문할 경우 추후 정확한 계산을 위해 영수증을 미리 요청하여 받아볼 수 있습니다. 그리고 객실로 음식이 배달되면 음식값에 비례해 최소 10~25% 정도의 팁을 지불하면 됩니다.

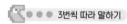 ● ● ● ● 3번씩 따라 말하기

Hi, it's room 2105.

안녕하세요. 저 2105호인데요.

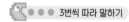 ● ● ● ● 3번씩 따라 말하기

Hi, I'd like to order room service.

안녕하세요. 룸서비스를 시키고 싶은데요.

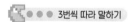 ● ● ● ● 3번씩 따라 말하기

What is your most popular dish?

사람들이 제일 많이 먹는 게 뭔가요?

Expressions

It's room 객실 호수. 저 ~호인데요. I'd like to V. ~하고 싶은데요. order room service 방으로 식사를 주문하다. 룸서비스를 시키다 most popular dish 가장 인기 있는 음식(즉 '사람들이 가장 많이 먹는 음식'을 의미)

서비스 관련 비용을 물을 때

'비용이 얼마가 나와도 상관없다. 괜찮다'라는 주의가 아니라면, 호텔 유료 서비스를 이용할 땐 서비스를 이용할 때마다 비용을 먼저 확인하고 이에 대한 영수증을 요청하는 것이 좋습니다. 그리고 체크아웃 시 받게 되는 최종 영수증엔 숙박료와 서비스 이용료가 합산된 금액에 '지방정부세(county tax)'와 '연방세(federal tax)'가 추가되어 표시되니 이를 잘 알아두시기 바랍니다.

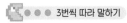

How much extra do you charge?

돈을 얼마나 더 내야 하나요?

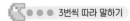

How much more do I have to pay (a day)?

(하루에) 돈을 얼마나 더 내야 하나요?

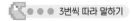

Do we have to pay for it when we check out?

체크아웃할 때 이걸 계산해야 하나요?

Expressions

How much extra do you charge? 돈을 얼마나 더 부과하실 건가요?(즉 '내가 돈을 얼마나 더 내야 하나요?'라는 의미) Do we have to V? 우리가 ~해야 하나요? pay for ~ ~에 대한 비용을 지불하다

 **Scene 036**

호텔 서비스를 칭찬할 때

호텔에서 체크아웃할 때 직원이 호텔 서비스가 어땠는지 물어볼 수 있습니다. 호텔에 투숙하는 동안 서비스가 마음에 들었다면 칭찬을 아끼지 않아도 되겠죠? 칭찬할 땐 'We loved ~.(~가 정말 마음에 들었어요.)', 혹은 'Your service is ~.(호텔 서비스가 ~하네요.)'라는 구문으로 서비스에 대한 자기 생각을 표현할 수 있습니다.

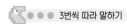 3번씩 따라 말하기

We loved your service.

호텔 서비스가 정말 마음에 들었어요.

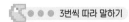 3번씩 따라 말하기

Your service is impeccable.

호텔 서비스가 흠잡을 데가 없네요.

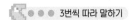 3번씩 따라 말하기

I'm 100 percent sure I'll be back.

꼭 다시 올게요.

Expressions

We loved your service. 호텔 서비스가 정말 마음에 들었어요.('love'는 '사랑한다'라는 뜻 외에도 어떤 대상이 '정말 마음에 든다'는 뜻으로도 쓸 수 있는 표현) impeccable 흠잡을 데 없는 I'm 100 percent sure ~. 저는 ~을 100% 확신합니다.(문맥상 '~라는 사실을 꼭 약속합니다. 꼭 ~하겠습니다'라는 의미로 풀이될 수 있음) I'll be back. 다시 올게요.

Review & Practice

01 존스라는 이름으로 객실을 예약했어요.

_____

02 어른 두 명과 아이 두 명이 묵을 수 있는 방이 있나요?

_____

03 가방 좀 보관해 주실 수 있나요?

_____

04 방에서 호수가 보이나요?

_____

05 서로 연결되어 있는 방으로 주실 수 있나요?

_____

06 더 높은 층에 있는 방으로 주시겠어요?

_____

07 제 짐을 옮겨 줄 사람 좀 불러 주실 수 있나요?

_____

08 미니바(냉장고)에서 무료로 마실 수 있는 음료는 뭔가요?

_____

09 7시에 모닝콜 부탁드립니다.

10 안녕하세요. 룸서비스를 시키고 싶은데요.

11 체크아웃할 때 이걸 계산해야 하나요?

12 호텔 서비스가 흠잡을 데가 없네요.

--- 정답 ---

01 I booked a room for Jones.

02 Do you have a room for two adults and two kids?

03 Can you store my bags, please?

04 Does it have a view of the lake?

05 Can we get adjoining rooms?

06 Can you give me a room on a higher floor?

07 Can you call someone to help me with my luggage?

08 What drinks are complimentary in the minibar?

09 I'd like a wake-up call at 7.

10 Hi, I'd like to order room service.

11 Do we have to pay for it when we check out?

12 Your service is impeccable.

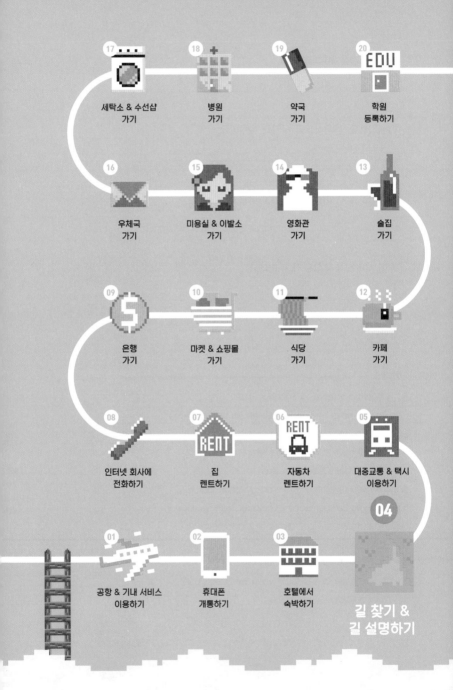

17 세탁소 & 수선샵
가기

18 병원
가기

19 약국
가기

20 학원
등록하기

16 우체국
가기

15 미용실 & 이발소
가기

14 영화관
가기

13 술집
가기

09 은행
가기

10 마켓 & 쇼핑몰
가기

11 식당
가기

12 카페
가기

08 인터넷 회사에
전화하기

07 집
렌트하기

06 자동차
렌트하기

05 대중교통 & 택시
이용하기

04

01 공항 & 기내 서비스
이용하기

02 휴대폰
개통하기

03 호텔에서
숙박하기

길 찾기 &
길 설명하기

Mission 4

길 찾기 &
길 설명하기

미국에서의
길의 특징과
주소를 말하는 방법

▶ 미국 길의 특징과 도로명

미국의 길은 미리 계획되어 형성된 도시에 도로가 구획되고, 이를 기준으로 도시나 마을이 블록(block)별로 구획이 나누어져 있기 때문에 길을 쉽게 찾을 수 있습니다. 그리고 미국은 도로가 세세하게 구분되어 있고, 그렇게 세세하게 구분된 도로들은 그 크기와 방향, 용도에 따라 여러 가지 명칭을 가집니다. 이를테면 도로가 넓고 여러 차로가 있는 도로는 'Boulevard'라고 하며, 뉴욕의 맨하튼 거리처럼 도로가 길게 쭉 뻗어있고 양쪽에 가로수가 있는 도로는 'Avenue'라고 하며, 차도 양쪽에 인도와 건물이 있는 일반 길거리는 'Street' 또는 'Road'라고 합니다. 이 외 도로를 나타내는 명칭으로는 'Drive, Place, Terrace, Circle, Court' 등이 있는데, 이를 모두 다 알아둘 필요는 없습니다. 다만 도로명이 들어간 주소를 '쓸 때'와 '말할 때'엔 차이가 있는데, 쓸 때는 주로 약자로 표기를 하고 말할 때는 명칭 전체를 말합니다.

▶ 각 도로명의 약자 및 이를 쓰고 말하는 방법

예를 들어 '3000 S. Wilshire Blvd. LA. 90010'에서 'Boulevard'를 약자 'Blvd.'로 쓰는 것처럼 미국 주소를 글로 쓸 땐 도로명을 약자로 쓰지만, 이를 읽을 땐 'Boulevard'라고 전체를 다 풀어서 읽고 말합니다. 이와 마찬가지로 각 도로명도 글로 쓸 땐 'Ave.(Avenue), St.(Street), Rd.(Road), Dr.(Drive), Pl.(Place)'와 같이 약자를 사용해 표기하지만 이를 읽고 말할 땐 전체를 읽고 말합니다.

▶ 번지수에 해당하는 숫자를 말하는 방법

'3000'처럼 딱 떨어지는 숫자로 된 번지수를 말할 땐 'three thousand'라고 읽어도 되지만, '1234'처럼 각기 다른 숫자가 조합된 번지수를 말할 땐 '두 자 릿수'로 끊어 읽거나 'one two three four'와 같이 한 자리씩 읽고 말해야 합니다. 그리고 '동서남북'의 약자(East(E.), West(W.), South(S.), North(N.))와 '주 이름'의 약자(ex: California(CA.)), 그리고 5개의 숫자로 이루어진 우편번호(ex: 90010)를 말할 땐 방향과 주 이름의 명칭 전체(ex: S. CA. → South California)를 읽고 말한 다음 우편번호 5개의 숫자를 하나씩 개별적(ex: 90010 → nine zero zero one zero)으로 말하면 됩니다.

길을 잃었을 때

해외에서 길을 잃었을 땐 당황하지 말고 주위 사람들에게 도움을 요청하세요. 단 모든 현지인들이 길을 정확히 아는 것은 아니니 1명이 아닌 2~3명의 사람들에게 재차 묻고 확인하는 것이 좋습니다. 여기서 유의할 점은 영어로 된 길 이름을 정확한 발음과 악센트로 말해야 현지인들이 제대로 알아듣고 가르쳐 줄 수 있다는 것입니다. 그러니 영어로 된 길 이름의 정확한 발음과 악센트를 미리 알아두세요.

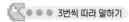
● ● ● 3번씩 따라 말하기

I'm lost. (= I got lost.)

제가 길을 잃었어요.

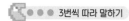
● ● ● 3번씩 따라 말하기

I'm trying to find G25.

제가 G25를 찾고 있는데요.

● ● ● 3번씩 따라 말하기

What's this street? / What is this neighborhood?

이 길이 어디인가요? / 이 동네가 어디인가요?

Expressions

lose 잃어버리다(과거형/과거분사형은 'lost') I'm trying to V. 전 ~하려고 (노력)하고 있어요. neighborhood 동네

Scene 038

길을 물어볼 때

길을 물어볼 땐 보통 '어느 방향으로 가야 하는지'를 묻는 것이 일반적입니다. 그리고 목적지를 영어로 설명하기 어려운 경우, 혹은 영어로 된 길 이름을 말하는 것이 익숙지 않을 경우엔 손가락으로 지도 위의 목적지를 가리키며 길을 물어볼 수도 있습니다. 또한 가고자 하는 장소에 눈에 띄는 지형지물 같은 게 있는지를 물어보면 길을 찾기가 훨씬 더 수월해질 수 있습니다.

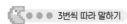
● ● ● 3번씩 따라 말하기

In which direction should I go?

어느 쪽으로 가야 하나요?

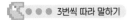
● ● ● 3번씩 따라 말하기

I want to go here. How do I get there?

제가 여기로 가고 싶은데요. 거긴 어떻게 가야 하나요?

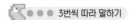
● ● ● 3번씩 따라 말하기

Is there a landmark to look out for?

찾아볼 수 있는 눈에 띄는 지형지물 같은 게 있나요?

Expressions

in which direction 어느 방향(쪽)으로 How do I get ~? ~에 어떻게 가야 하나요?(여기서 'get'은 '~에 이르다/닿다'라는 의미) landmark 주요 지형지물, 랜드마크(멀리서 보고 위치 파악에 도움이 되는 대형 건물 같은 것) look out for ~ ~을 주의 깊게 내다보다, ~을 찾으려고 애쓰다

소요되는 거리와 시간을 물어볼 때

현재 있는 곳에서 목적지까지의 거리와 시간을 물어볼 때, '걸리는 거리'를 물어보고 싶다면 'How far(얼마나 멀리)'의 표현을 써서, '걸리는 시간'을 물어보고 싶다면 'How long(얼마나 오래)'의 표현을 써서 물어보면 됩니다. 참고로 미국인들이 길을 안내할 땐 거리 측정 단위인 피트(feet)나 마일(mile)을 사용하기보다는 지나쳐야 할 블록(block)과 건너야 할 신호등(signal)의 개수로 설명해 주는 경우가 많습니다.

 ●●● 3번씩 따라 말하기

How far is it from here?

거긴 여기에서 얼마나 먼가요?

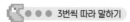 ●●● 3번씩 따라 말하기

How long would it take?

얼마나 걸릴까요?

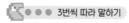 ●●● 3번씩 따라 말하기

How long would it take to get there and back?

거기에 갔다가 다시 돌아오는 데 얼마나 걸릴까요?

Expressions

How far is it? 얼마나 먼가요? How long would it take? 얼마나 걸리나요? get there and back 그곳에 다녀오다(갔다가 다시 돌아오다)

 **Scene 040**

가는 길을 설명할 때 (1)

길 안내를 할 땐 '쭉 내려가세요, 쭉 올라가세요, 쭉 직진하세요'와 같은 말들로 설명하는 경우가 많은데, 이를 영어로 말할 땐 'keep V-ing(계속(쭉) ~하다)'라는 표현을 쓰면 됩니다. 그리고 길 안내를 하면서 눈에 띄는 건물이나 지하철역, 횡단보도 등을 함께 언급해 주면 길을 물어본 외국인이 더 쉽고 빠르게 길을 찾을 수 있습니다.

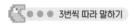 ● ● ● 3번씩 따라 말하기

Keep walking all the way down/up there.

저쪽으로 계속 쭉 내려/올라가세요.

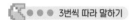 ● ● ● 3번씩 따라 말하기

Keep going straight.

계속 쭉 직진하세요.

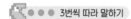 ● ● ● 3번씩 따라 말하기

If you keep going for two blocks, you'll find a subway station and a crosswalk.

두 블록을 쭉 가다 보면, 지하철역과 횡단보도가 나올 거예요.

Expressions

keep V-ing 계속(쭉) ~하다 all the way 그 길로 쭉(계속) go straight 직진하다
block 블록, 구획, 구역 You'll find ~. 당신은 ~을 찾게 될 겁니다.(문맥상 '~(라는 것)이 나올 겁니다'라는 의미) subway station 지하철역 crosswalk 횡단보도

가는 길을 설명할 때 (2)

길을 안내할 땐 '대각선으로 건너세요, 계속 걸어서 직진하세요, 코너만 돌면 나와요'와 같은 말들로 설명하면 되는데요. 이때 가는 길목에서 볼 수 있는 간판이나 건물과 같은 특정 지형지물을 함께 언급하며 설명해 주면 길이 다소 복잡하고 골목이 많은 한국에서 외국인이 길을 찾는 데에 더 많은 도움이 될 수 있습니다.

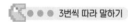 3번씩 따라 말하기

You can cross diagonally.

대각선으로 건너가시면 됩니다.

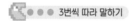 3번씩 따라 말하기

Just keep walking straight until you find the XYZ sign on the left.

왼쪽에 XYZ라는 간판이 보일 때까지 계속 걸어서 직진하세요.

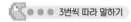 3번씩 따라 말하기

It's right on the corner.

코너만 돌면 바로 나올 거예요.

Expressions

You can V. 당신은 ~할 수 있습니다.(문맥상 '~하시면 됩니다'라는 의미로 해석 가능) cross 건너다 diagonally 대각선으로 keep walking straight 계속 걸어서 직진하다 until ~ ~할 때까지 on the left/right 왼쪽/오른쪽에 right on the corner 코너를 돌면 바로

Scene 042

🔊 MP3 042

길 안내 후 인사말을 건넬 때

길을 안내한 후 상대방의 걱정과 부담을 덜어줄 수 있도록 '잘 찾아갈
수 있을 거예요'와 같은 격려의 인사말까지 해 준다면 길을 물어본 사
람에게 더욱 힘이 되겠죠? 일단 서로 친분이 있는 사이가 아니기 때문
에 'Bye(안녕), Have a good day(좋은 하루 보내)'와 같은 말들은 어
색할 수 있으니 아래와 같은 말들로 인사말을 건네는 것이 좋습니다.

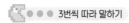 ● ● ● 3번씩 따라 말하기

You can't miss it.

쉽게 찾을 수 있을 거예요.

 ● ● ● 3번씩 따라 말하기

No sweat! You'll find it.

별거 아닌데요 뭘! 잘 찾아가실 거예요.

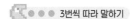 ● ● ● 3번씩 따라 말하기

I hope you'll have no problem finding it.

문제없이 잘 찾아가길 바라요.

Expressions

You can't miss it. 그걸 놓칠 수 없을 겁니다.(문맥상 '놓칠 수 없을 거다 → 쉽게 잘
찾을 거다'라는 의미로 해석 가능) No sweat. (상대방의 감사/부탁에 대해) 별 거 아
냐.('No sweat'은 '땀(sweat)을 흘리지 않다 → 수고(고생)하지 않다 → 별거 아니다'라는
의미로 해석 가능) have no problem V-ing ~하는 데 문제없다

Review & Practice

01 제가 길을 잃었어요.

_____

02 제가 G25를 찾고 있는데요.

_____

03 어느 쪽으로 가야 하나요?

_____

04 찾아볼 수 있는 눈에 띄는 지형지물 같은 게 있나요?

_____

05 거긴 여기에서 얼마나 먼가요?

_____

06 얼마나 걸릴까요?

_____

07 거기에 갔다가 다시 돌아오는 데 얼마나 걸릴까요?

_____

08 계속 쭉 직진하세요.

_____

09 저쪽으로 계속 쭉 내려가세요.

_____

10 왼쪽에 XYZ라는 간판이 보일 때까지 계속 걸어서 직진하세요.

_____

11 코너만 돌면 바로 나올 거예요.

_____

12 별거 아닌데요 뭘! 잘 찾아가실 거예요.

_____

___ 정답 _____

01 I'm lost. (= I got lost.)
02 I'm trying to find G25.
03 In which direction should I go?
04 Is there a landmark to look out for?
05 How far is it from here?
06 How long would it take?
07 How long would it take to get there and back?
08 Keep going straight.
09 Keep walking all the way down there.
10 Just keep walking straight until you find the XYZ sign on the left.
11 It's right on the corner.
12 No sweat! You'll find it.

17 세탁소 & 수선샵
가기

18 병원
가기

19 약국
가기

20 학원
등록하기

16 우체국
가기

15 미용실 & 이발소
가기

14 영화관
가기

13 술집
가기

09 은행
가기

10 마켓 & 쇼핑몰
가기

11 식당
가기

12 카페
가기

08 인터넷 회사에
전화하기

07 집
렌트하기

06 자동차
렌트하기

05 대중교통 & 택시
이용하기

01 공항 & 기내 서비스
이용하기

02 휴대폰
개통하기

03 호텔에서
숙박하기

04 길 찾기 &
길 설명하기

Mission ⑤

대중교통 & 택시
이용하기

문화
엿보기

자동차
운전이 필수인
미국 대중교통의 특징은?

▶ 자동차 운전이 필수인 나라 미국

땅이 넓은 미국에서는 New York이나 LA 같은 대도시의 시내처럼 인구가 집약적으로 밀집된 곳을 제외하고는 대중교통이 잘 발달하지 않은 곳이 많습니다. 따라서 우유 한 통, 빵 한 봉지를 사러 나갈 때조차 자동차로 이동하는 것이 일상인 미국에서 자가운전은 생활 필수 사항입니다. 이처럼 누구나 차를 가지고 움직이는 것이 기본 생활 패턴인 미국에서는 자동차 연료비가 한국에서의 자동차 연료비보다 절반 이하로 저렴한데, 그에 비해 대중교통 요금은 한국보다 두 배 이상으로 비쌉니다.

▶ 대중교통이 발달한 LA와 New York은 어떤 모습일까?

미국의 다른 도시에 비해 대중교통이 발달한 서부의 LA와 동부의 New York을 살펴보면 다음과 같습니다. LA는 출퇴근하는 사람과 관광객이 밀집된 지역인 LA 시내와 Hollywood를 중심으로 근교 도시에 전철과 버스가 점차 개발되고 있습니다. 따라서 아직까진 LA의 자가용 운전자 수가 New York의 자가용 운전자 수보다 더 많습니다. 반면, New York은 Manhattan과 시내를 중심으로 이미 오래전부터 버스와 전철이 보편화되어 있기 때문에 자가운전을 하지 않아도 편리하게 생활할 수 있다는 큰 장점이 있습니다. 하지만, 시설이 오래되어 깨끗한 내부 시설을 기대하기는 힘들며 그에 따라 보수 공사가 많습니다. 또한 한국과 비교했을 때 버스나 전철의 노선을 쉽게 파악하기 힘들고 자세한 안내 방송을 하지 않기 때문에 이들을 이용하기 전에 탑승하는 방향이 맞는지, 목적지에 도착하는 노선이 맞는지 등을 확인하는 것이 좋습니다.

▶ 미국에서의 택시 이용

택시의 경우 스마트폰의 대중화로 휴대폰 앱(App)을 이용해 택시를 부르는 우버(Uber) 택시가 유행하고 있지만, 여전히 전화를 걸어 택시를 예약하거나 지나가는 택시를 잡아타는 경우가 많습니다. 그러나 New York과 같은 대도시의 경우 출퇴근 러시아워가 따로 없을 정도로 늘 교통 체증이 심하기 때문에 원하는 곳에서 편하게 택시를 잡아서 타고 내리기가 쉽지 않고, 미터당 택시 요금이 비쌀 뿐만 아니라 팁도 지불해야 한다는 단점이 있습니다.

교통 요금과 표 파는 곳을 알아볼 때

미국은 땅덩이가 넓고 외곽으로 갈수록 인구 밀도가 높지 않아 대중교통이 대도시와 그 주변 일부 지역에만 국한되어 있습니다. 따라서 몇몇 대도시를 제외하고는 대중교통이 거의 없기 때문에 전철표는 어디에서 살 수 있는지, 버스 요금은 얼마인지, 편도나 왕복표 가격은 얼마인지 등을 미리 알아두는 것이 좋습니다. 그리고 버스를 탈 경우 버스 기사가 매번 거스름돈을 주지 않기 때문에 잔돈을 미리 준비해 정확한 요금을 내고 타는 것이 좋습니다.

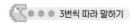 3번씩 따라 말하기

Where can I get a ticket for the train?

전철표는 어디에서 살 수 있나요?

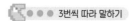 3번씩 따라 말하기

How much is the bus fare?

버스 요금은 얼마인가요?

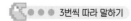 3번씩 따라 말하기

How much is the round trip ticket?

왕복표 가격은 얼마인가요?

Expressions

Where can I get a ticket for ~? ~표는 어디에서 살 수 있나요? How much is the ~ fare? ~의 요금은 얼마인가요? round trip ticket 왕복표(편도표는 'one-way ticket'이라고 칭함)

Scene 044

어떤 버스를 타야 하는지 물어볼 때

버스를 이용할 땐 자신이 가고자 하는 목적지를 지나가는 노선의 버스를 사전에 확인해 두는 것이 좋습니다. 하지만 타야 할 버스를 미리 알아두지 못해 현장에서 어떤 버스를 타야 할지 누군가에게 물어봐야 하는 상황이라면 주변 행인이 아닌 버스 기사나 표 판매처에 물어보는 것이 가장 좋습니다. 행인의 경우 사람마다 설명이 다 다르거나 정보가 정확하지 않을 가능성이 있기 때문입니다.

 3번씩 따라 말하기

Which bus is going to Union station?

어떤 버스가 Union 역으로 가나요?

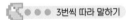 3번씩 따라 말하기

What number is going to the Grove?

몇 번 버스가 Grove로 가나요?

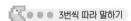 3번씩 따라 말하기

Is this the right line to go to St. Johns Medical Center?

이게 St. Johns 의료 센터로 가는 노선이 맞나요?

Expressions

Which bus is going to A? 어떤 버스가 A로 가나요? What number is going to A? 몇 번 버스가 A로 가나요? Is this the right line to go to A? 이게 A로 가는 노선이 맞나요?

버스가 목적지로 가는지 확인할 때

버스가 확실히 목적지로 가는지 확인하고 싶을 땐 버스가 목적지에 '서는지(stop)', 혹은 버스가 목적지로 '가는지(go)' 기사에게 물어보면 됩니다. 특히 가고자 하는 목적지가 2개의 거리가 교차하는 '교차로(crossroad)'인 경우에는 교차하는 거리 이름 2개를 모두 언급하며 물어봐야 합니다. 눈에 띄는 특정 지형지물(landmark)을 언급하며 물어보는 것이 아닌 이상 교차로를 설명할 때 길 이름을 1개만 언급하며 물어보면 헷갈릴 수 있습니다. 따라서 교차로에 대해 말할 땐 반드시 교차하는 거리 이름 2개를 모두 언급하도록 하세요.

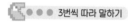 ●●● 3번씩 따라 말하기

Are you going downtown?

(이 버스가) 시내로 가나요?

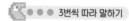 ●●● 3번씩 따라 말하기

Is this (bus) going to M Station?

이게(이 버스가) M 역으로 가나요?

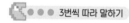 ●●● 3번씩 따라 말하기

Do you stop at Figueroa and Olympic?

(이 버스가) Figueroa and Olympic에 서나요?

Expressions

Are you going (to) A? A로 가나요? downtown 시내 Is this (bus) going to A? 이게(이 버스가) A로 가나요? Do you stop at A? A에서 서나요?

 **Scene 046**

도착하면 알려달라고 부탁할 때

버스를 탄 후에도 버스가 목적지까지 잘 가고 있는지 불안해하거나 내릴 때를 놓칠까 봐 걱정될 수도 있습니다. 이럴 땐 버스 기사에게 목적지에 도착하면 알려달라고 부탁하거나 목적지에 도착하기 직전에 미리 알려달라고 부탁하는 것도 좋은 방법입니다.

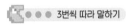 ● ● ● 3번씩 따라 말하기

Can you tell me when you get to City Hall?

시청에 도착하면 제게 말씀해주시겠어요?

 ● ● ● 3번씩 따라 말하기

Can you let me know when you get to Vermont and 3rd?

Vermont 3가에 도착하면 제게 알려주시겠어요?

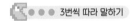 ● ● ● 3번씩 따라 말하기

Can you just let me know when we are one stop away from my destination?

목적지 한 정거장 전에 제게 알려주시겠어요?

Expressions

Can you tell me ~? 제게 ~을 말씀해주시겠어요? Can you let me know ~? 제게 ~을 알려주시겠어요? get to 장소 ~에 도착하다 one stop away 한 정거장 떨어져 (떨어진 곳에) destination 목적지

 **Scene 047**

버스 타는 방향을 확인할 때

미국에서 동일한 색깔과 모양을 가진 버스나 전철을 탄다 해도 목적지와 방향이 다를 수 있기 때문에 버스나 전철 앞쪽에 표기된 목적지 이름과 가는 방향을 확인한 후 승차해야 합니다. 그리고 방향을 모를 경우에는 아래와 같이 질문하면 됩니다.

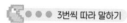 ● ● ● 3번씩 따라 말하기

Excuse me, I'm going to the Famers Market.

실례지만 (말씀 좀 여쭤 볼게요), 제가 Famers Market으로 가는데요.

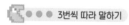 ● ● ● 3번씩 따라 말하기

Is this the right bus or should I take it on the other side of the street?

이 버스가 맞나요, 아니면 이걸(이 버스를) 길 건너 반대편에서 타야 하나요?

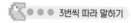 ● ● ● 3번씩 따라 말하기

Should I take it going in the opposite direction?

이걸(이 버스를) 반대 방향에서 타야 하나요?

Expressions

take 교통수단 ~(라는 교통수단)을 타다 on the other side of the street 길 건너 반대편에서 in the opposite direction 반대 방향에서

버스 노선을 확인할 때

버스는 '① A에서 출발해 한 바퀴를 돌아 다시 A로 돌아오는 순환 노선, ② A에서 출발해 B까지 가고 B에서 다시 반대 방향 버스를 타고 A로 돌아오는 노선'으로 운행됩니다. 따라서 버스를 탈 땐 버스가 어떤 노선으로 운행되는지 잘 확인하고 타도록 하세요.

 3번씩 따라 말하기

Does this bus go in a circle?

이 버스가 순환 노선인가요?

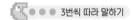 3번씩 따라 말하기

Does this bus make a loop?

이 버스가 순환 노선인가요?

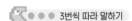 3번씩 따라 말하기

If I want to go back to the stop where I got on, do I have to take the same bus on the opposite side of the street?

제가 버스를 탄 정류장으로 다시 돌아가려면, 같은 버스를 길 건너 반대편에서 타야 하나요?

Expressions

go in a circle / make a loop 한 바퀴를 돌다(버스의 경우 '순환 운행을 하다'라는 의미) on the opposite side of the street 길 건너 반대편에서

기사에게 짐 싣는 걸 도와달라고 할 때

여행 짐부터 시작해 자전거, 스쿠터, 휠체어, 유모차와 같이 크고 무거운 짐이 있을 때도 얼마든지 대중교통을 이용할 수 있습니다. 무겁고 큰 짐이 있을 경우 버스 기사에게 짐 싣는 것을 도와달라고 요청하면 버스 기사가 버스 앞쪽의 선반이나 버스 옆쪽에 있는 트렁크에 짐 싣는 것을 도와줍니다. 짐 싣는 시간이 다소 소요되더라도 버스 기사와 승객들이 잘 이해하며 기다려주니 걱정하지 않아도 됩니다.

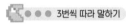 3번씩 따라 말하기

I have a bicycle / a stroller / luggage.

제게 자전거가 / 유모차가 / 짐이 있어요.

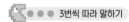 3번씩 따라 말하기

Can you give me a hand loading it?

이걸 싣는 것 좀 도와주실 수 있나요?

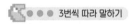 3번씩 따라 말하기

Can you give me a hand loading it up on the luggage rack?

이걸 짐칸에 싣는 것 좀 도와주실 수 있나요?

Expressions

Can you give me a hand V-ing? 제가 ~하는 것 좀 도와주실 수 있나요? load (up) (짐 등을) 싣다 on the luggage rack 짐칸에, 선반에

 **Scene 050** **MP3** 050

목적지에 도착해 버스에서 내릴 때

미국 버스의 하차 벨에는 '누르는 하차 벨'과 '당기는 하차 벨(버스 어디에서든 당길 수 있도록 노란색 줄이 창가에 달려 있음)'이 있고, 이같은 하차 벨을 누르거나 당겨서 하차를 알립니다. 그리고 정거장과 정거장 사이의 거리가 대부분 멀기 때문에 버스가 내릴 곳에 막 도착했거나 지나치게 될 것 같은 경우 큰소리로 이를 알려 목적지에서 제대로 내릴 수 있도록 대처하는 것이 좋습니다.

 3번씩 따라 말하기

Can you hit the bell for me, please?

벨 좀 눌러주시겠어요?

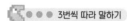 3번씩 따라 말하기

Excuse me, you just passed my stop!

저기 죄송한데요, 제가 내릴 정거장을 지금 막 지나쳤어요!

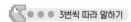 3번씩 따라 말하기

Excuse me, this is my stop!
Can you open the door?

저기 잠시만요, 여기가 제가 내릴 정거장이에요(저 내려요)!
문 좀 열어주시겠어요?

Expressions

Can you ~? ~해 주시겠어요? hit/press the bell 벨을 누르다 pass one's stop
정거장을 지나치다 open the door 문을 열다

전화로 택시를 예약할 때

전화로 택시를 예약할 땐 택시를 타게 될 시간과 장소, 가고자 하는 목적지를 알려줘야 합니다. 그리고 짐이 있을 땐 SUV나 미니밴(minivan)으로 미리 요청하는 것이 좋습니다. 또한 예약을 받는 사람이 예약자의 전화번호와 택시를 탈 장소를 정확히 알아야 하므로 전화번호와 장소를 또박또박 말한 뒤 다시 한 번 확인하는 것이 좋습니다.

 3번씩 따라 말하기

Hi, I would like to book a taxi for tomorrow morning at 7.

안녕하세요, 내일 아침 7시에 택시 한 대를 예약하고 싶은데요.

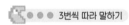 3번씩 따라 말하기

Can you send it to the Ritz downtown?

시내에 있는 Ritz(호텔)로 택시를 보내주시겠어요?

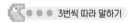 3번씩 따라 말하기

Can you send me an SUV so I can fit luggage?

짐을 실을 수 있도록 SUV 차량으로 보내주시겠어요?

Expressions

I would like to V. ~하고 싶은데요. book 예약하다 Can you send A to B? A를 B로 보내주시겠어요? fit luggage 짐을 놓다, 짐을 싣다

우버(Uber) 택시를 탈 때

'우버(Uber)'는 승객과 일반 택시를 연결해주는 애플리케이션(앱)입니다. 승객들은 우버를 이용하여 자신이 원하는 종류의 택시와 기사를 골라 가고자 하는 목적지에 맞춰 요금까지 미리 결제한 뒤 예약할 수 있고, 예약 취소 또한 매우 간단합니다. 우버로 택시를 예약해서 기사가 도착하면 보통 승객의 이름을 부르며 간단히 확인만 합니다. 그리고 선불로 결제한 요금에 팁이 이미 포함되어 있기 때문에 따로 팁을 주지 않아도 되며, 이미 목적지를 알고 있기 때문에 긴 대화도 필요하지 않습니다.

 ● ● ● 3번씩 따라 말하기

Hi, are you Mr. Park?

안녕하세요, 박 선생님이신가요?

 ● ● ● 3번씩 따라 말하기

Hi, are you Ms. Choi who called for an Uber?

안녕하세요, 우버를 부르신 최 선생님 되시나요?

 ● ● ● 3번씩 따라 말하기

Excuse me, did you call for an Uber?

저기요, (혹시) 우버를 부르셨나요?

Expressions

call for a taxi/an Uber 택시/우버를 부르다

택시 기사에게 목적지를 말할 때

택시를 타면 기사가 'Where to?(어디로 가시죠?)'라고 묻는 경우가 많습니다. 이에 택시 기사에게 가고자 하는 목적지를 말하는 것뿐만 아니라 합승을 할지 안 할지 여부도 말해주면 더욱 좋습니다. 또한 붐비는 시간대에 택시를 타거나 급하게 서둘러 가야 하는 경우, 자신이 이용하고 싶은 길을 기사에게 직접 알려줄 수도 있습니다.

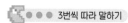 3번씩 따라 말하기

I am heading to the airport. I don't want to share a cab.

저 공항으로 갈 거예요(공항으로 가주세요). 합승은 원하지 않습니다.

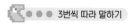 3번씩 따라 말하기

Just take me straight to LAX.

LA 국제공항으로 바로 가주세요.

 3번씩 따라 말하기

Can you take the surface streets instead of taking the freeway?

고속도로가 아닌 일반도로(로컬 길)로 가주시겠어요?

Expressions

be heading to ~ ~로 향하다 share a cab 택시에 합승하다 Take me straight to ~. ~로 바로 데려다 주세요. surface street 일반도로, 로컬 길(freeway의 반대 개념으로 쓰임) freeway (신호등이 없는) 고속도로

 **Scene 054**

목적지에 도착해 택시에서 내릴 때

정해진 택시 정류장이 없다면 택시가 목적지 부근에 다 도착했을 때 '여기예요'라고 말하며 내리거나, 혹은 정확한 지점을 알려주면서 '저기 ~에서 세워주시겠어요?'라고 말하며 내리면 됩니다. 그리고 택시 기사의 친절함 정도에 따라 택시 요금의 10~20% 정도를 팁으로 주고 내려도 되고, 팁 대신 잔돈을 받지 않고 내려도 됩니다.

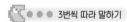 ● ● ● 3번씩 따라 말하기

This is it!

여기예요(이곳이 내릴 곳이에요)!

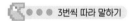 ● ● ● 3번씩 따라 말하기

Drop me off here, please.
Keep the change.

여기서 세워주세요. 잔돈은 됐습니다(잔돈은 가지세요).

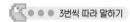 ● ● ● 3번씩 따라 말하기

Can you pull over to that Seven Eleven on the right?

저기 오른쪽에 있는 Seven Eleven 앞에 세워주시겠어요?

Expressions

drop ~ off ~을 (차에서) 내리게 하다 pull over to ~ (차를) ~로 갖다 대다 on the right 오른쪽에 있는

Review & Practice

01 버스 요금은 얼마인가요?

_____

02 몇 번 버스가 Grove로 가나요?

_____

03 이게(이 버스가) M 역으로 가나요?

_____

04 시청에 도착하면 제게 말씀해주시겠어요?

_____

05 이걸(이 버스를) 반대 방향에서 타야 하나요?

_____

06 이 버스가 순환 노선인가요?

_____

07 이걸 싣는 것 좀 도와주실 수 있나요?

_____

08 저기 죄송한데요, 제가 내릴 정거장을 지금 막 지나쳤어요!

_____

09 시내에 있는 Ritz(호텔)로 택시를 보내주시겠어요?

_____

10 저기요, (혹시) 우버를 부르셨나요?

_____

11 공항으로 가주세요. 합승은 원하지 않습니다.

_____

12 여기서 세워주세요. 잔돈은 됐습니다.

_____

—— 정답 ——

01 How much is the bus fare?

02 What number is going to the Grove?

03 Is this (bus) going to M station?

04 Can you tell me when you get to City Hall?

05 Should I take it going in the opposite direction?

06 Does this bus go in a circle? / Does this bus make a loop?

07 Can you give me a hand loading it?

08 Excuse me, you just passed my stop!

09 Can you send it to the Ritz downtown?

10 Excuse me, did you call for an Uber?

11 I am heading to the airport. I don't want to share a cab.

12 Drop me off here, please. Keep the change.

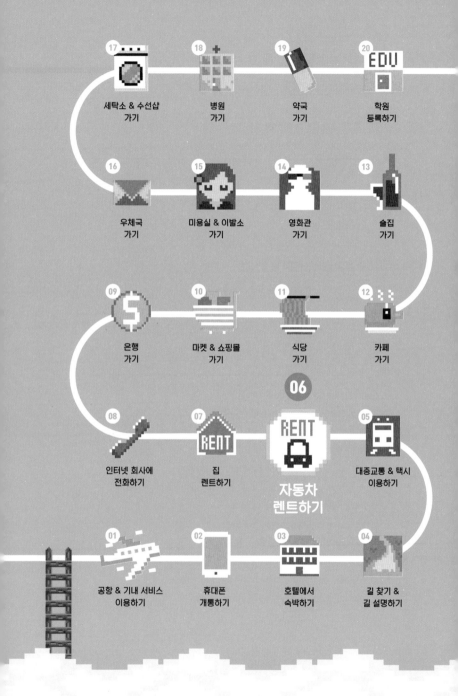

17 세탁소 & 수선샵
가기

18 병원
가기

19 약국
가기

20 학원
등록하기

16 우체국
가기

15 미용실 & 이발소
가기

14 영화관
가기

13 술집
가기

09 은행
가기

10 마켓 & 쇼핑몰
가기

11 식당
가기

12 카페
가기

08 인터넷 회사에
전화하기

07 집
렌트하기

06 RENT
자동차
렌트하기

05 대중교통 & 택시
이용하기

01 공항 & 기내 서비스
이용하기

02 휴대폰
개통하기

03 호텔에서
숙박하기

04 길 찾기 &
길 설명하기

Mission 6

자동차
렌트하기

미국에서
렌터카를 이용할 때
자동차 보험의 특징

렌터카를 이용하여 해외여행을 하는 것은 여유로움과 편리함을 누릴 수 있다는 장점뿐만 아니라 비용을 절약할 수 있다는 장점 또한 있습니다. 하지만 해외에서 운전한다는 것엔 어느 정도 위험 부담이 따르기 마련이고, 차량을 렌트하고 반납하는 일련의 과정들 또한 부담되기는 마찬가지입니다. 따라서 미국으로 가기 전 해외에서 차량을 렌트하는 방법 및 주의해야 할 사항들을 미리 숙지하고 가게 되면 그만큼 부담감도 덜 수 있을 것입니다.

미국에서 차량을 렌트할 땐 선택해야 할 사항들과 주의해야 할 사항들이 꽤 많습니다. 그중에서도 특히 해외에서 운전하다 사고가 났을 경우 복잡해질 수 있는 문제점들을 보장받기 위해 미국 자동차 보험에 가입하게 되는데, 이때 알아두어야 할 사항들이 몇 가지 있습니다.

▶ Liability vs. Full coverage

미국 자동차 보험의 보장 형태는 크게 liability(배상 책임)와 full coverage(전체 보상)로 분류됩니다. full coverage는 사고 시 보험 소유 당사자와 상대 운전자 모두 보장받을 수 있는 보험입니다. 반면에 liability는 보험 소유 당사자가 사고를 냈을 경우 오직 상대 운전자에게만 배상해주는 보험입니다. 이 둘은 미국에서 렌터카를 빌릴 때 반드시 언급되는 용어이니 이 두 보험의 개념 및 차이점을 미리 알아두는 것이 좋습니다.

▶ 운전자가 흡연자인지를 묻는 이유

보험 이야기를 하면서 렌터카 샵 직원은 운전자에게 흡연자인지 비흡연자인지 여부를 묻습니다. 그 이유는 바로 흡연 운전자가 사고를 낼 위험 가능성이 더 크다고 보기 때문인데, 만약 운전자가 흡연자일 경우 보험료가 다르게 적용되는 경우가 발생하기도 합니다. 따라서 직원이 먼저 고객에게 'Do you smoke?(담배 피우세요?)'라고 물어본다면 이것을 개인적으로 흡연자인지 물어보는 말, 혹은 나가서 담배 한 대 같이 피우자는 말로 오해해서 들으면 안 됩니다. 만일 본인이 흡연자라면 직원에게 먼저 흡연자 차량 보험에 관해 물어보고 필요 사항을 미리 확인해 두는 것이 좋습니다. 이렇게 해야 차후 문제 발생 시 책임을 덜 수 있게 되므로 이를 반드시 염두에 두시길 바랍니다.

 **Scene 055**

 MP3 055

예약한 렌터카를 픽업하러 갔을 때

렌터카를 픽업하러 갈 때는 렌터카 예약 사항을 출력해서 가져가면 좋습니다. 렌터카를 찾는 접수처에 예약 사항을 출력한 종이를 보여주면서 언제 어떤 차량을 예약했는지 직원에게 알려주면 예약 정보를 보다 빠르고 정확하게 찾을 수 있습니다. 그리고 렌터카를 픽업하러 갈 땐 여권, 예약 시 사용한 신용카드, 국제 면허증과 국내 면허증을 지참해서 가면 됩니다.

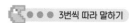 3번씩 따라 말하기

I made a reservation.

저 예약했어요.

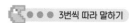 3번씩 따라 말하기

I booked a minivan for a family vacation.

가족 휴가를 가려고 미니밴을 예약했어요.

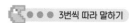 3번씩 따라 말하기

We made a reservation for an SUV a month ago.

저희가 한 달 전에 SUV 차를 예약했어요.

Expressions

make a reservation 예약하다('make'의 과거형은 'made') book A for B B를 위해 A를 예약하다('book'의 과거형은 'booked') family vacation 가족 휴가 a month ago 한 달 전에

 **Scene 056**

렌트하고 싶은 차종을 말할 때

영어로 된 차량 이름의 발음과 악센트는 우리가 생각했던 것과 다른 경우가 많습니다. 따라서 차를 예약해서 픽업하러 가는 것이 아니라 현장에서 바로 차를 렌트할 경우엔 원하는 차량의 영어 이름을 정확한 발음과 악센트로 말할 수 있어야 합니다. 예를 들어 'Honda Odyssey'라는 차종은 '[혼다 아디시('아'에 악센트)]'로, 'Acura'라는 차종은 '[애큐라('애'에 악센트)]'로 말하는 것과 같이 차종의 이름을 정확한 발음과 악센트로 말해야 듣는 이가 제대로 알아듣고 일을 처리할 수 있습니다.

 3번씩 따라 말하기

Can I rent a Honda Odyssey?

Honda Odyssey를 렌트할 수 있을까요?

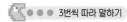 3번씩 따라 말하기

I want to rent an Acura MDX.

Acura MDX를 렌트하고 싶어요.

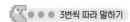 3번씩 따라 말하기

We'd like to rent an 8 passenger minivan like a Toyota Sienna.

저희는 Toyota Sienna 같은 8인승 미니밴을 렌트하고 싶어요.

Expressions

rent (사용료를 지급하고) 빌리다 passenger (교통수단을 이용하는) 승객 minivan 미니밴, 가족용 승합차

렌터카 사용 기간을 말할 때

차량은 대부분 '낮(day)'에 운전합니다. 따라서 렌터카 사용 기간은 '~박
~일(~ days and ~ nights)'의 단위로 세지 않고 'day'를 기준으로 세
게 되며(호텔의 경우 숙박을 기준으로 운영되기 때문에 '밤(night)'을 기
준으로 날짜를 셈), 그에 따라 렌터카 이용 요금 역시 기본적으로 '1일(1
day)' 단위로 책정됩니다. 그리고 렌터카를 얼마 동안 빌릴지 말할 땐
'for 렌트 기간(~ 동안)'이라는 표현을 써서 일주일 동안 빌릴지, 몇 주
동안 빌릴지 여부를 말하면 됩니다.

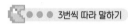 ●●● 3번씩 따라 말하기

I'll have it for a week.

(차를) 일주일 동안 갖고 있을 거예요. (= 일주일 동안 빌릴 거예요.)

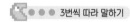 ●●● 3번씩 따라 말하기

I'll keep it for 10 days.

(차를) 열흘 동안 갖고 있을 거예요. (= 열흘 동안 빌릴 거예요.)

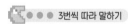 ●●● 3번씩 따라 말하기

I'll drive it for two weeks.

(차를) 2주 동안 몰고 다닐 거예요.

Expressions

I'll have/keep it for 렌트 기간. ~ 동안 이걸 갖고 있을 거예요.(문맥상 '~ 동안 이걸
빌릴 거예요'라는 의미) I'll drive it for 렌트 기간. ~ 동안 이걸 운전하고(몰고) 다닐
거예요.

렌터카 반납 조건에 관해 물어볼 때

렌터카 반납 조건을 어기면 추가 비용이 발생할 수 있기 때문에 손해 볼 가능성이 큽니다. 따라서 렌터카를 픽업할 때 렌터카 반납 일시, 반납 제한 시간 초과 시 추가되는 비용의 액수, 차에 기름(gasoline)을 채워 반납해야 하는지 등의 조건을 묻고 확인해야 합니다. 참고로 차를 픽업하기 전 직원과 함께 차의 상태를 꼼꼼히 살펴보고 손상 부분이나 문제가 있다면 그 즉시 직원과 상의하고 사진을 찍어두는 것이 반납 시 보상 의무를 지지 않을 수 있는 대처 방안이니 이를 유념해 두세요.

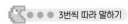 ● ● ● 3번씩 따라 말하기

When do I have to return it?

차를 언제 반납해야 하나요?

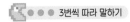 ● ● ● 3번씩 따라 말하기

Do I have to bring it back by a certain time?

(정해진) 특정 시간까지 차를 돌려드려야 하나요?

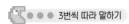 ● ● ● 3번씩 따라 말하기

If I don't return it by 8 a.m. on that day, how much do you charge a day?

그날 아침 8시까지 차를 반납하지 않으면, 1일당 요금이 얼마나 부과되나요?

Expressions

When do I have to V? 제가 언제 ~해야 하나요? return 반납하다 bring back 되돌려주다, 반납하다 by 시간/날짜 ~까지 a certain time (정해진) 특정 시간

 **Scene 059**

렌터카를 다른 곳에서 반납하고 싶을 때

미국은 워낙 대지가 넓기 때문에 렌터카를 반납하기 위해 이를 픽업한 도시로 다시 돌아가는 것은 상당히 비효율적입니다. 따라서 다른 도시에 있는 지점에 렌터카를 반납할 수 있는지 물어보는 것이 좋습니다.

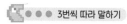 3번씩 따라 말하기

Can I drive it one way?

차를 편도로 몰 수 있을까요? (= 차를 반납하러 다시 안 와도 되나요?)

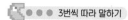 3번씩 따라 말하기

I'd like to pick it up in LA and drop it off in Vegas.

차를 LA에서 픽업해서 Vegas에서 반납하고 싶은데요.

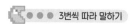 3번씩 따라 말하기

Is there another city nearby where I can drop it off?

근처에 제가 차를 반납할 수 있는 다른 도시는 없나요?

Expressions

one way 일방통행, 편도('Can I drive it one way?'는 '차를 편도로 몰 수 있을까요?'라는 뜻인데, 이는 계속 한 길로만 쭉 가는 것을 뜻하기 때문에 '차를 반납하러 다시 안 와도 되나요?'라는 의미로도 해석 가능) drop off 가져다 놓다(문맥상 '반납하다'로 해석) nearby 근처에, 가까운 곳에

 **Scene 060** **MP3 060**

차량 보험에 관해 물어볼 때

보험에 관해 이야기할 땐 '보험/보험료'를 뜻하는 'insurance'라는 단어 외에도 '(보험) 약정'을 뜻하는 'plan'이라는 단어도 많이 사용하니 이 둘을 함께 알아두는 것이 좋습니다. 차량을 렌트할 때 'protection plan' 이라는 보험 약정은 렌트 비용을 상승시키는 주된 요인이기도 합니다. 차량 렌트 시 운전자에게 이미 보험이 있다면 직원은 그 보험이 'liability(배상 책임)'인지 'full coverage(전체 보상)'인지 묻게 되고, 개별 가입 시엔 이를 다시 설명해줍니다.

 3번씩 따라 말하기

Can I use my insurance?

제가 가진 보험을 사용해도 되나요?

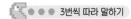 3번씩 따라 말하기

How much is the insurance per day?

일일 보험료가 얼마인가요?

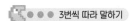 3번씩 따라 말하기

What should we do if we need roadside assistance?

긴급 출동 서비스가 필요할 경우 저희가 어떻게 해야 하나요?

Expressions

insurance 보험, 보험료 per day 하루에, 일일 roadside assistance (갑자기 차가 멈추거나 하는 응급 상황에 대비하기 위한) 긴급 출동 서비스

Review & Practice

01 가족 휴가를 가려고 미니밴을 예약했어요.

_____

02 저희가 한 달 전에 SUV 차를 예약했어요.

_____

03 Honda Odyssey를 렌트할 수 있나요?

_____

04 (차를) 열흘 동안 갖고 있을 거예요. (= 열흘 동안 빌릴 거예요.)

_____

05 (차를) 2주 동안 몰고 다닐 거예요.

_____

06 차를 언제 반납해야 하나요?

_____

07 정해진 특정 시간까지 차를 돌려드려야 하나요?

_____

08 차를 LA에서 픽업해서 Vegas에서 반납하고 싶은데요.

_____

09 근처에 제가 차를 반납할 수 있는 다른 도시는 없나요?

_____

10 제가 가진 보험을 사용해도 되나요?

_____

11 일일 보험료가 얼마인가요?

_____

12 긴급 출동 서비스가 필요할 경우 저희가 어떻게 해야 하나요?

_____

정답

01 I booked a minivan for a family vacation.
02 We made a reservation for an SUV a month ago.
03 Can I rent a Honda Odyssey?
04 I'll keep it for 10 days.
05 I'll drive it for two weeks.
06 When do I have to return it?
07 Do I have to bring it back by a certain time?
08 I'd like to pick it up in LA and drop it off in Vegas.
09 Is there another city nearby where I can drop it off?
10 Can I use my insurance?
11 How much is the insurance per day?
12 What should we do if we need roadside assistance?

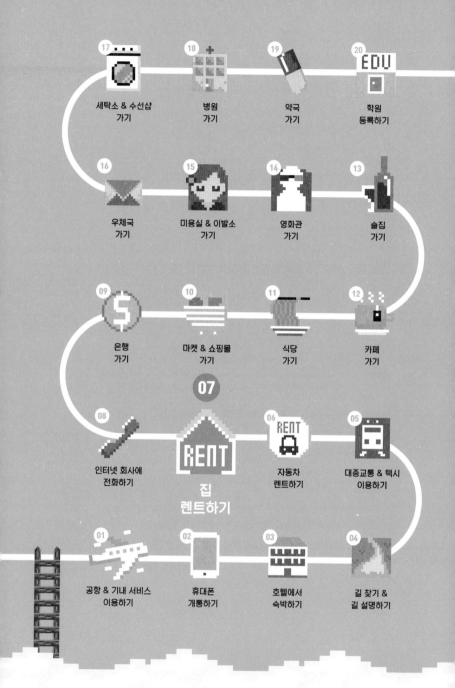

17 세탁소 & 수선샵
가기

18 병원
가기

19 약국
가기

20 학원
등록하기

16 우체국
가기

15 미용실 & 이발소
가기

14 영화관
가기

13 술집
가기

09 은행
가기

10 마켓 & 쇼핑몰
가기

11 식당
가기

12 카페
가기

07

08 인터넷 회사에
전화하기

집
렌트하기

06 자동차
렌트하기

05 대중교통 & 택시
이용하기

01 공항 & 기내 서비스
이용하기

02 휴대폰
개통하기

03 호텔에서
숙박하기

04 길 찾기 &
길 설명하기

Mission 7

집
렌트하기

한국의 월세와는
차이점이 많은
미국에서의 집 렌트(임차)

미국에서 체류할 계획이 있다면 출국 전 가장 먼저 알아보고 준비하는 것이 바로 렌트할 집을 찾는 것일 겁니다. 미국에 처음 도착하게 되면 아직은 현지 실정에 익숙지 않은 상태이기 때문에 집을 구매하기보다는 '렌트(임차)'해서 살게 됩니다. 미국에서 집을 렌트하고자 할 땐 보통 출국 전 인터넷을 통해 집을 알아본 후 현지에 도착해서 광고를 낸 사람에게 직접 전화를 걸어 집에 대해 문의하고 집 투어를 예약해서 둘러본 다음 계약을 하게 되는데요. 이처럼 미국에서 집을 렌트할 땐 몇 가지 알아두어야 할 주요 사항들이 있습니다.

▶ 미국 서민들의 보편적 주거 방식인 집 렌트와 그 비용

집 렌트는 미국 서민들의 대다수가 택하고 있는 주거 방식으로서, 그 비용이 개인 소득의 절반 정도를 차지하고 있기 때문에 지출과 생계에 큰 영향을 미치는 중요한 부분입니다. 예를 들어 방2개, 화장실 2개인 아파트의 경우 평균 $1,800~$2,000(1달러당 1,100원으로 환산 시 약 1,980,000원~2,200,000원) 정도를 집세로 지불해야 합니다(2018년 1월 평균, 지역에 따라 차이가 날 수 있음). 그리고 집세는 렌트 기간에 따라 몇 년, 혹은 평생 매달 집주인에게 개인 수표(personal check)나 은행 간 자동이체(transfer)로 지불하게 됩니다.

▶ 집을 렌트할 때 신용 점수가 중요한 이유

집주인 입장에서는 집세를 잘 낼 수 있는 재정적으로 믿을 수 있는 세입자가 좋기 때문에 세입자의 신용 점수(credit score)를 반드시 확인합니다. 그리고 첫 달엔 집세와 함께 만일의 경우에 대비한 보증금(deposit)을 요구합니다. 이 보증금은 집주인의 재량과 세입자의 신용도에 따라 달라질 수 있는데, 추후 이사를 나갈 때 이 보증금을 돌려받을 수 있는지 꼭 확인해야 합니다.

▶ 입주 전 집의 상태를 사진 기록으로 남기는 이유

렌트한 집에 입주하기 전엔 욕실, 방, 주차장 등의 집 상태를 미리 사진으로 찍어 기록해두면 좋습니다. 그 이유는 렌트한 집에서 이사를 나갈 때 집주인이 수리해야 할 부분을 세입자에게 전가하면서 보증금을 돌려주지 않는 경우가 종종 발생하여 골치 아픈 싸움이 법정 분쟁으로까지 갈 수 있기 때문입니다.

 **Scene 061**

 MP3 061

찾고 있는 집을 설명할 때

미국에선 집 크기를 잴 때 한국과는 다르게 '스퀘어피트(Sqt.)'라는 단위를 사용하기 때문에 크기를 가늠하기 어려울 수 있습니다. 따라서 방과 욕실의 개수로 어떤 크기의 집을 찾는지 설명하는 것이 낫습니다.

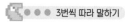 3번씩 따라 말하기

I'm looking for one bed and one bath apartment.

방 1개와 화장실 1개가 있는 아파트를 찾고 있어요.

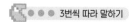 3번씩 따라 말하기

I'm looking for a two bedroom and two bathroom house.

방 2개와 화장실 2개가 있는 주택을 찾고 있어요.

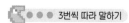 3번씩 따라 말하기

I'm looking for an apartment with three bedrooms and two bathrooms in the price range of $2,000 to $2,200.

방 3개와 화장실 2개가 있고 2,000불에서 2,200불 사이 가격대의 아파트를 찾고 있어요.

Expressions

bedroom 침실, 방 bathroom 화장실 in the price range of ~ ~의 가격대

 **Scene 062**

집을 둘러보고 싶을 때

마음에 드는 집을 찾았다면 집과 관련해 궁금한 것들을 꼼꼼히 적어서 정리한 후 렌트 광고를 낸 사람이나 부동산 에이전트/매니저와 일정을 잡아 집을 둘러보며 입주 조건에 대해 상세하게 물어보는 것이 좋습니다. 너무 과하지만 않다면 질문을 많이 해도 괜찮습니다. 특히 매니저는 세입자가 집을 빌리며 발생할 수 있는 문제를 관리해주는 사람이기 때문에 매니저가 책임감 있는 사람인지 살펴보는 것도 중요하니 이를 염두에 두세요.

 ● ● ● ● 3번씩 따라 말하기

Can I take a tour of the house?

그 집을 한번 둘러볼 수 있을까요?

 ● ● ● ● 3번씩 따라 말하기

Can I tour the unit?

그 아파트를 한번 둘러볼 수 있을까요?

● ● ● ● 3번씩 따라 말하기

Can we schedule it on the 23rd, this coming Saturday?

다가오는 이번 토요일 23일에 일정을 잡을 수 있을까요?

Expressions
***
take a tour 한번 둘러보다 tour 관광하다, 둘러보다 unit 아파트 한 가구(아파트와 같은 공동 주택 내의 '1개의 가구'를 지칭) schedule 일정, 일정을 잡다

Scene 063

🔊 **MP3 063**

전기와 수도를 확인하고 싶을 때

미국에서는 집주인이 수도세와 쓰레기 처리 비용 등을 지불하고 전기 세와 가스비 등은 세입자가 지불하는 경우가 많은데, 이런 비용 처리 사항은 집주인에 따라 차이가 있을 수 있으니 꼭 확인해야 합니다. 가스와 전기 이전 신청은 세입자가 이사 날짜에 맞춰 직접 전화를 해서 신청하거나 웹사이트상에서 신청하면 됩니다(이런 이유로 집을 둘러볼 때 전기와 가스가 끊겨있는 곳이 많음). 또한 오래된 집들이 많기 때문에 수도와 변기의 수압을 미리 확인해보는 것이 좋습니다.

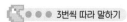 ● ● ● 3번씩 따라 말하기

Can I turn on the faucet?

수도를 틀어봐도 되나요?

 ● ● ● 3번씩 따라 말하기

Can I turn the light on?

전등을 켜봐도 되나요?

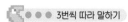 ● ● ● 3번씩 따라 말하기

Can I turn on the faucet to check the water pressure?

수압 확인차 수도를 틀어봐도 될까요?

Expressions

turn on (전기, 가스, 수도 등을) 켜다/틀다 faucet 수도꼭지 light (전깃)불, (전)등
water pressure 수압

 **Scene 064**

창고와 주차장이 있는지 물어볼 때

땅덩이가 큰 미국에서 운전은 필수이기 때문에 대부분 성인 1인당 한 대의 자동차를 소유하고 있습니다. 따라서 개인 주차장이 없는 경우, 혹은 차가 두 대인 가정에서 한 개의 주차 공간만 배정받은 경우엔 따로 추가 비용을 지불하거나 별도의 절차를 거쳐 추가 주차 공간을 허가받을 수 있습니다. 또한 미국에는 오래된 집들이 많은데, 오래된 집의 경우 저장 공간이 많지 않을 수 있으니 집을 렌트할 때 짐을 보관할 수 있는 개인 창고가 있는지도 확인하는 것이 좋습니다.

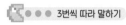 3번씩 따라 말하기

Is there private storage?

개인 창고가 있나요?

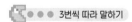 3번씩 따라 말하기

Is there private storage and parking?

개인 창고와 주차 공간이 있나요?

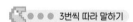 3번씩 따라 말하기

Is there private storage and a designated parking spot?

개인 창고와 지정 주차 공간이 있나요?

Expressions

---

private storage 개인 창고 private parking 개인 주차 공간 designated parking spot 지정 주차 공간

 **Scene 065**

  MP3 065

집세와 보증금에 관해 물어볼 때

집세(rent)는 주로 개인 수표(check)로 지불하거나 은행 이체(transfer)를 통해 지불합니다. 그리고 입주 전 보증금(deposit)이 얼마인지 묻고 이사를 나갈 때 이 보증금을 되돌려 받을 수 있는지를 확인할 수 있는 계약 사항을 문서나 이메일, 또는 문자 메시지로 기록해두는 것이 좋습니다. 무엇이든 만일의 상황에 대비해 중요한 사항들은 꼭 기록으로 남기는 습관을 들이세요.

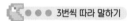 3번씩 따라 말하기

How much is the rent?

집세가 얼마인가요?

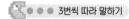 3번씩 따라 말하기

What's the rent for this apartment?

이 아파트 집세가 어떻게 되나요?

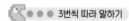 3번씩 따라 말하기

How much is the deposit?
Can I get it back when we move out?

보증금은 얼마인가요?

저희가 이사를 나갈 때 제가 이걸 다시 돌려받을 수 있나요?

Expressions

rent 집세, 방세, 임차료 deposit 보증금 Can I get ~ back? ~을 돌려받을 수 있나요? move out 이사 나가다

 **Scene 066**

비싼 집세를 조정하고 싶을 때

집은 마음에 드는데 너무 높은 집세 때문에 집을 포기하게 되는 경우가 생길 수 있습니다. 하지만 세입자의 신용이 정말 좋다면 집주인이나 매니저를 통해 집세를 조정할 수 있습니다. 집세를 조정할 땐 가격이 '너무 높다(too high)'고 말하며 집세가 '조정 가능한(negotiable)'지 여부를 물어보면 됩니다. 단, 집세를 조정하는 대신 다른 계약 조건의 변동을 요구할 수 있으니 이에 유의해야 합니다.

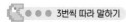 3번씩 따라 말하기

You quoted a price that's too high.

가격을 너무 높게 잡으셨어요.

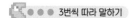 3번씩 따라 말하기

Is it negotiable?

그게(집세가) 조정 가능할까요?

 3번씩 따라 말하기

Is there a way I can get a discount on rent?

제가 집세를 낮출 수 있는 방법이 있을까요?

Expressions

quote 인용하다, 견적을 내다(잡다) negotiable 절충 가능한, 협상 가능한 get a discount on ~ ~에 대해 할인을 받다(위에서 'get a discount on rent'는 '집세에 할인을 받다'라는 뜻인데, 이를 좀더 자연스럽게 의역하면 '집세를 낮추다'라는 뜻으로 생각해볼 수 있음)

Review & Practice

01 방 1개와 화장실 1개가 있는 아파트를 찾고 있어요.

_____

02 방 2개와 화장실 2개가 있는 주택을 찾고 있어요.

_____

03 그 집을 한번 둘러볼 수 있을까요?

_____

04 그 아파트를 한번 둘러볼 수 있을까요?

_____

05 수도를 틀어봐도 되나요?

_____

06 전등을 켜봐도 되나요?

_____

07 개인 창고가 있나요?

_____

08 개인 창고와 주차 공간이 있나요?

_____

09 집세가 얼마인가요?

_____

10 보증금은 얼마인가요?

_____

11 저희가 이사를 나갈 때 제가 이걸 다시 돌려받을 수 있나요?

_____

12 그게(집세가) 조정 가능할까요?

_____

정답

01 I'm looking for one bed and one bath apartment.
02 I'm looking for a two bedroom and two bathroom house.
03 Can I take a tour of the house?
04 Can I tour the unit?
05 Can I turn on the faucet?
06 Can I turn the light on?
07 Is there private storage?
08 Is there private storage and parking?
09 How much is the rent?
10 How much is the deposit?
11 Can I get it back when we move out?
12 Is it negotiable?

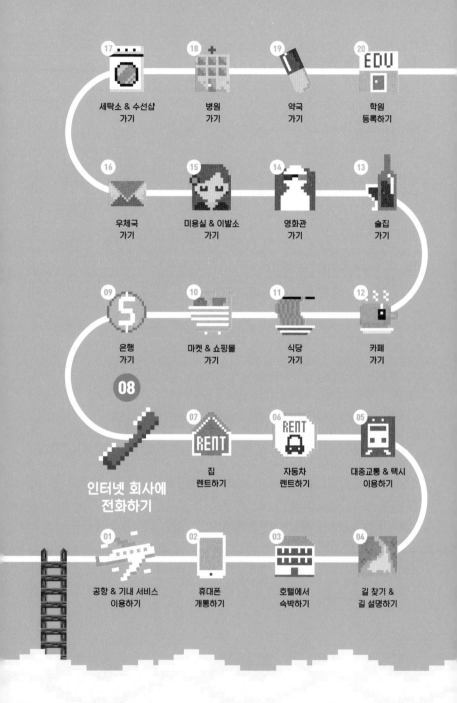

Mission 8

인터넷 회사에 전화하기

미국의 인터넷 환경과
인터넷 수리 기사
방문 시 알아둘 사항

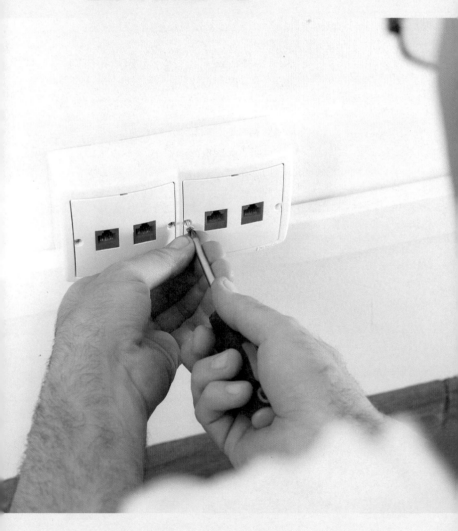

▶ 속도가 느리고 고장이 잦은 미국의 인터넷 환경

미국의 대표적인 인터넷 공급 회사로는 AT&T와 Spectrum(이전 Time Warner Cable)이 있으며, 소규모 케이블 회사도 도시별로 많이 있습니다. 하지만 미국의 인터넷은 초고속 인터넷이 발달한 한국과 비교했을 때 속도가 많이 떨어지고 바람이 많이 불거나 비나 눈이 심하게 오는 것처럼 기상 상태가 좋지 않을 땐 인터넷이 끊기는 일이 빈번하게 발생합니다. 따라서 이러한 인터넷 환경 때문에 미국에서는 PC방을 찾아보기가 어렵습니다. 또한 서비스에 비해 인터넷 사용료가 비싼 단점이 있습니다.

▶ 인터넷이 고장 났을 때는 방문 수리 요청하기

인터넷 작동에 문제가 생겼을 경우엔 인터넷 회사에 전화를 걸어 수리 기사 방문 서비스를 요청해야 합니다. 방문 서비스를 요청하면 회사 측과 방문 일정을 조율하여 수리 기사를 기다려야 하고, 또한 수리하는 데에도 많은 시간이 걸리기 때문에 불편할 때가 많습니다.

▶ 수리 기사가 방문했을 때 권하지 않는 것

수리 기사가 집을 방문하면 염두에 두어야 할 사항이 있습니다. 바로 수리 기사에게 신발을 벗고 들어오라고 요청하거나 수고했다는 의미로 직접 만든 커피를 대접할 필요가 없다는 것입니다. 만약 수리 기사에게 신발을 벗고 들어올 것을 요청하면 수리 기사는 회사에서 정해준 신발 커버를 신고 들어오겠다고 할 것입니다. 그리고 수리 기사에게 고맙다는 인사로 음료를 권하고 싶다면 뚜껑을 따지 않은 캔 음료 정도는 고맙게 받을 것입니다.

▶ 팁을 지불할 필요가 없는 방문 수리 서비스

수리 후엔 수리 기사에게 팁을 줄 필요가 없습니다. 이미 회사에 지불한 서비스 비용에 모든 것이 포함되어 있기 때문에 따로 팁을 지불하지 않아도 됩니다. 또한 수리 기사가 가고 나면 인터넷 회사로부터 수리 기사의 서비스 평가를 요청하는 전화가 올 때가 많은데, 이 평가는 수리 기사의 실적에 영향을 미치기 때문에 큰 문제가 없었다면 대부분 좋은 평가를 줍니다.

 **Scene 067**

 MP3 067

인터넷 설치를 요청할 때

인터넷 회사의 자동응답 서비스를 이용하면 녹음된 안내 음성에 따라 전화기 버튼을 눌러가며 인터넷 설치 요청을 할 수 있습니다. 하지만 특별히 덧붙이고 싶은 요청 사항이 있거나 좀 더 빠르고 정확하게 상담하고 싶다면 직접 통화하는 것이 좋습니다. 상담원과 일대일로 전화 연결이 됐을 땐 아래와 같은 말로 대화를 시작할 수 있습니다.

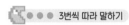 3번씩 따라 말하기

Hi, I'm calling to get Internet service.

안녕하세요, 인터넷 서비스를 받으려고 전화했어요.

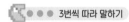 3번씩 따라 말하기

Hi, I'm calling because I want to get Internet set up.

안녕하세요, 인터넷을 설치하고 싶어서 전화했어요.

 3번씩 따라 말하기

Hi, I'm calling because I want to get Internet installed.

안녕하세요, 인터넷을 설치하고 싶어서 전화했어요.

Expressions

I'm calling to V. ~하려고 전화했어요. I'm calling because ~. ~때문에 전화했어요.
get Internet set up/installed 인터넷을 설치하다

 **Scene 068**

인터넷 작동에 문제가 생겼을 때

기상 상태에 따라 인터넷 작동에 문제가 발생할 수 있는데, 이때 날씨
가 좋아지더라도 인터넷 작동 상태가 자동으로 좋아지는 경우는 극히
드뭅니다. 따라서 아래와 같이 인터넷 회사에 전화해 인터넷에 문제가
생겼다고 말한 뒤 수리 서비스를 요청하시는 것이 좋습니다.

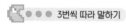 3번씩 따라 말하기

Hi, I'm calling because the Internet isn't working.

안녕하세요, 인터넷이 작동되지 않아 전화했어요.

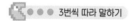 3번씩 따라 말하기

Hi, I'm calling because there is a problem with my Internet.

안녕하세요, 인터넷에 문제가 있어 전화했어요.

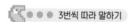 3번씩 따라 말하기

Hi, I'm calling because there is something wrong with our Internet.

안녕하세요, 저희 인터넷에 뭔가 문제가 있어 전화했어요.

Expressions

work 작동하다 There is a problem with ~. ~에 문제가 있어요. There is
something wrong with ~. ~에 뭔가 문제(잘못된 점)가 있어요.

 **Scene 069**

인터넷 연결 상태가 좋지 않을 때

인터넷 속도가 너무 느리거나 연결 상태가 들락날락해서 불안정한 경우, 인터넷 회사에 전화하여 아래와 같이 연결 상태에 문제가 있다고 말하며 서비스를 요청할 수 있습니다. 참고로 수리 기사가 방문했을 때 새로운 상품이나 약정을 권할 때가 있는데, 기존과 큰 차이가 없는 경우가 대부분이니 새 상품 광고에 너무 현혹되지 않도록 주의하세요.

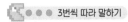 3번씩 따라 말하기

Hi, I'm calling because my Internet is too slow.

안녕하세요, 인터넷이 너무 느려서 전화했어요.

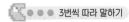 3번씩 따라 말하기

Hi, I'm calling because the connection goes in and out.

안녕하세요, 인터넷 연결이 들락날락해서 전화했어요.

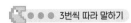 3번씩 따라 말하기

Hi, I'm calling because the connection goes on and off.

안녕하세요, 인터넷 연결이 되다 말다 해서 전화했어요.

Expressions

connection 연결 in and out (안팎으로) 들락거리는 on and off 되다가 말다가

수리 기사를 보내 달라고 요청할 때

인터넷 회사에 전화해 자동응답 서비스를 통해 수리 기사를 보내 달라고 요청할 수도 있지만, 본인이 원하는 특정 날짜/시간이 있거나 바쁜 평일이 아닌 주말 아침에 수리 기사가 방문해 주길 원하는 경우엔 직접 통화를 하며 일정을 잡아야 합니다. 전화가 연결되어 수리 기사를 보내 줄 수 있는지 물어보면, 직원은 수리 기사가 방문할 수 있는 일정을 고객과 조율하며 잡습니다.

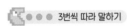 3번씩 따라 말하기

Can you send a technician?

수리 기사님을 보내 주실 수 있나요?

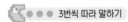 3번씩 따라 말하기

We need to schedule an appointment.

저희가 예약 일정을 정해야 해서요(약속을 잡아야 해서요).

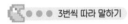 3번씩 따라 말하기

We need to schedule a time for a technician to come out.

저희가 수리 기사님이 나갈 수 있는 일정을 잡아야 해서요.

Expressions

technician 수리 기사 schedule an appointment 예약을 하다, 약속을 잡다 schedule a time for ~ ~을 위한 시간(일정)을 잡다 come out 나가다(위에서 'come'은 '수리 기사가 고객의 집(목적지)으로 다가가다/이동하다'라는 의미)

🔊 **MP3 071**

수리 기사의 방문 일정을 정할 때

인터넷 회사에 전화해서 수리 기사의 방문 일정을 정할 때, 고객이 직접 수리 기사가 왔으면 하는 날짜와 시간을 정해 인터넷 회사에 요청할 수도 있지만 반대로 회사에서 방문 가능한 다양한 날짜와 시간을 고객에게 제시하고 그중에서 선택하게끔 할 수도 있습니다. 그리고 방문 일정을 정할 땐 수리 기사가 가장 빨리 올 수 있는 날짜가 언제인지 문의할 수도 있고, 원하는 특정 날짜가 있을 경우 그 날짜에 오는 것이 가능한지도 문의할 수 있습니다.

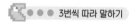 **3번씩 따라 말하기**

When is the soonest?

언제가 가장 빠른가요? (= 가장 빨리 오실 수 있는 날짜가 언제인가요?)

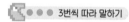 **3번씩 따라 말하기**

When is the soonest he/she can come?

수리 기사님이 언제 가장 빨리 오실 수 있나요?

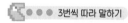 **3번씩 따라 말하기**

I'm busy during the week.
Can you come Saturday morning?

제가 주중에는 바빠서요. 토요일 아침에 와 주실 수 있나요?

Expressions

soon 빠른(soon(빠른)-sooner(더 빠른)-soonest(가장 빠른)) busy 바쁜 during the week 주중

Scene 072

◉ MP3 072

인터넷 서비스 이전을 요청할 때

다른 곳으로 이사를 하게 되어 인터넷 서비스 이전이 필요한 경우, 이사 전후로 인터넷 회사에 전화해서 이들이 묻는 말(이사 갈 집 주소, 이사 날짜 등)에 간단히 답만 할 때가 많기 때문에 큰 어려움은 없습니다. 서비스 이전 요청을 위해 인터넷 회사에 전화했을 땐 우선 '내가 (~로) 이사를 가게 됐다(I am moving (to ~))'는 사실을 말한 뒤 인터넷 서비스를 '이전(transfer)'해 달라고 요청하면 됩니다. 참고로 설치 기사가 방문해서 예전 모뎀을 수거해가는 경우도 있지만, 고객이 직접 인근 서비스 센터를 방문해서 모뎀을 반납해야만 하는 경우도 있습니다.

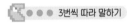 3번씩 따라 말하기

Hi, I'm calling because I am moving.

안녕하세요, 제가 이사를 하게 되어 전화했어요.

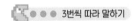 3번씩 따라 말하기

Can you transfer the service?

서비스를 이전해주실 수 있나요?

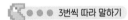 3번씩 따라 말하기

I'd like to transfer the service.

서비스를 이전하고자 해요.

Expressions

I'm calling because ~. ~ 때문에 전화했어요. move 이사하다 transfer the service 서비스를 이전하다

Review & Practice

01 안녕하세요, 인터넷 서비스를 받으려고 전화했어요.

_____

02 안녕하세요, 인터넷을 설치하고 싶어서 전화했어요.

_____

03 안녕하세요, 인터넷이 작동되지 않아 전화했어요.

_____

04 안녕하세요, 저희 인터넷에 뭔가 문제가 있어 전화했어요.

_____

05 안녕하세요, 인터넷이 너무 느려서 전화했어요.

_____

06 안녕하세요, 인터넷 연결이 들락날락해서 전화했어요.

_____

07 수리 기사님을 보내 주실 수 있나요?

_____

08 저희가 수리 기사님이 나갈 수 있는 일정을 잡아야 해서요.

_____

09 수리 기사님이 언제 가장 빨리 오실 수 있나요?

_____

10 제가 주중에는 바빠서요. 토요일 아침에 와 주실 수 있나요?

_____

11 안녕하세요, 제가 이사를 하게 되어 전화했어요.

_____

12 서비스를 이전해주실 수 있나요?

_____

정답

01 Hi, I'm calling to get Internet service.

02 Hi, I'm calling because I want to get Internet set up/installed.

03 Hi, I'm calling because the Internet isn't working.

04 Hi, I'm calling because there is something wrong with our Internet.

05 Hi, I'm calling because my Internet is too slow.

06 Hi, I'm calling because the connection goes in and out.

07 Can you send a technician?

08 We need to schedule a time for a technician to come out.

09 When is the soonest he/she can come?

10 I'm busy during the week. Can you come Saturday morning?

11 Hi, I'm calling because I am moving.

12 Can you transfer the service?

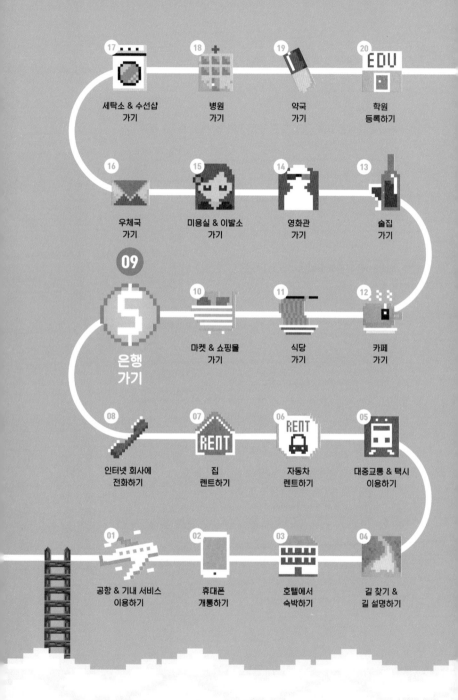

17 세탁소 & 수선샵
가기

18 병원
가기

19 약국
가기

20 학원
등록하기

16 우체국
가기

15 미용실 & 이발소
가기

14 영화관
가기

13 술집
가기

09 은행
가기

10 마켓 & 쇼핑몰
가기

11 식당
가기

12 카페
가기

08 인터넷 회사에
전화하기

07 집
렌트하기

06 자동차
렌트하기

05 대중교통 & 택시
이용하기

01 공항 & 기내 서비스
이용하기

02 휴대폰
개통하기

03 호텔에서
숙박하기

04 길 찾기 &
길 설명하기

Mission 9

은행
가기

미국 은행 계좌의
입출금 내역 정리 방식과
수표 사용법 및 유의점

▶ 입출금 내역은 수기로 작성하거나 웹사이트를 통해 확인

미국 은행에서는 은행 계좌 입출금 내역을 고객에게 제공하지 않기 때문에 고객이 이를 직접 기록해야 합니다. 한국의 은행처럼 통장에 전자 시스템으로 입출금 내역을 정리해서 고객에게 건네주지 않으며, 또한 고객이 직접 ATM기기로 통장 내역을 정리할 수 있는 시스템도 갖춰져 있지 않습니다. 그 대신 미국 은행에서 계좌를 처음 개설하거나 개인 수표를 신청하면 거래 기록 소책자(transaction register booklet)를 받게 되는데, 이 책자에 고객이 직접 입출금 내역이나 개인 수표 발행 기록을 수기로 정리할 수 있습니다. 덧붙여 은행 웹사이트에 가입하면 온라인으로 모든 거래 내역을 살펴볼 수 있습니다.

▶ 미국에서 수표를 사용하는 방식

미국에서 사용하는 수표는 특정 금액이 찍혀 나오는 한국의 자기앞수표와는 달리 특정 금액이 찍혀 나오지 않습니다. 따라서 계좌를 개설할 때 고객 본인의 이름, 주소, 전화번호가 적혀 있는 개인 수표 책자를 받거나 이를 따로 주문해서 사용합니다. 즉 한국의 공수표처럼 본인이 구매한 수표에 금액을 직접 적어서 제공하면 이를 받은 이가 현금화하여 사용할 수 있는 방식인 거죠. 참고로 미국에서 수표는 월급, 집세, 자동차 할부금, 다양한 개인 간 거래에 이르기까지 매우 자주 사용되며, 그만큼 관련 금융 사고가 종종 발생하기도 합니다.

▶ 미국에서 수표 거래 시 유의할 점

수표로 거래하면 이것의 출처는 물론 수표를 받는 사람 간의 거래를 조회할 수 있고, 문제가 생길 경우에는 지급을 정지시킬 수도 있기 때문에 장점이 많습니다. 단 수표에 적어 발행한 금액만큼 계좌에 충분한 잔액이 없을 경우 부도 수표 처리(bounce)가 되어 이를 발행한 본인은 물론 수표를 받는 이까지 모두 벌금을 내야 하고, 심지어 지급받아야 할 돈도 못 받는 상황이 발생할 수 있습니다. 따라서 금액이 큰 수표를 받은 경우엔 수표를 입금하기 전 직접 은행에 전화해서 수표 발행자의 계좌에 수표를 지불할 만큼의 충분한 잔액이 있는지 확인해보는 것이 좋습니다. 특히 개인 간 거래에 큰 금액의 수표를 사용할 시 수표 발행자가 계좌에 충분한 잔액이 있는지 확인하는 절차를 거부한다면 이는 의심할 필요가 있고, 거래 시 유의해야 합니다.

 **Scene 073**

계좌를 개설할 때

미국에 도착한 후 가져온 돈을 안전하게 보관하기 위해서는 우선 은행을 방문해 '계좌(account)'부터 개설해야 합니다. 미국의 은행 계좌는 크게 일반 예치 및 입출금이 가능한 'checking account(보통 예금 계좌)'가 있고, 일정 금액을 예치하거나 입금만 하는 'savings account(정기 예금 계좌)'가 있습니다. 하지만 한국에서 볼 수 있는 다양한 적금 프로그램이나 아파트 분양 적금을 위한 계좌는 따로 없습니다. 은행을 방문해서 계좌 개설을 요청할 땐, 'open an account(계좌를 개설하다)'라는 표현을 아래와 같은 구문에 넣어 말하면 됩니다.

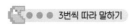 3번씩 따라 말하기

Hi, I'm here to open an account.

안녕하세요, 계좌를 개설하려고 왔어요.

 3번씩 따라 말하기

Hi, I'm here for a new account.

안녕하세요, 새 계좌를 열까 해서 왔어요.

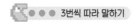 3번씩 따라 말하기

Hi, I'd like to open an account.

안녕하세요, 제가 계좌를 개설하고 싶은데요.

Expressions

I'm here to V. ~하려고 왔어요. I'm here for ~. ~을 위해 왔어요. I'd like to V. ~하고 싶어요. open an account 계좌를 열다(개설하다)

신용 카드를 신청할 때

미국에서는 거의 모든 생활이 '신용 점수(credit score)'를 기본으로 이루어집니다. 이 신용 점수는 자동차나 부동산을 구매할 때에도 영향을 미치고, 신용 카드를 추가로 발급받을 때에도 영향을 미칩니다. 그리고 신용 카드를 적절히 잘 사용하게 되면 높은 신용 점수를 쌓는 데 도움이 되기 때문에 신용 카드를 적절히 잘 사용하는 것 또한 중요합니다. 은행에서 신용 카드를 신청할 때엔 'I'm here to V. / I'd like to V.'와 같은 구문에 'credit card(신용 카드), apply for ~(~을 신청하다)'와 같은 표현들을 넣어 아래와 같이 말하면 됩니다.

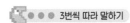 3번씩 따라 말하기

I'm here to apply for a credit card.

신용 카드를 신청하러 왔어요.

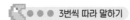 3번씩 따라 말하기

I'd like to apply for a credit card.

신용 카드를 신청하고 싶어요.

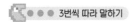 3번씩 따라 말하기

I have never used a credit card.

저는 신용 카드를 사용해 본 적이 한 번도 없어요.

Expressions

apply for ~ ~을 신청하다 credit card 신용 카드 I have never used ~. 저는 ~을 사용해 본 적이 한 번도 없어요.

🔊 MP3 075

'Secured Credit Card'를 신청할 때

처음 은행 계좌를 개설하면 신용 기록이 없어 신용 점수가 낮습니다. 따라서 은행에서 신용 카드를 발급받기가 어려운데, 이때 단기간에 신용 점수를 높일 수 있는 좋은 방법이 있습니다. 바로 '보증금(deposit)'을 넣어 두고 이 보증금 한도 내에서 신용 카드를 사용할 수 있게끔 한 'Secured Credit Card'를 발급받으면 됩니다. 이 카드를 발급받아 쓰게 되면 신용 점수를 차곡차곡 올릴 수 있어 신용 점수 관리에 도움이 됩니다. 카드 신청 요청은 아래와 같이 할 수 있습니다.

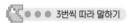

I'd like to apply for a secured credit card to build my credit score.

신용 점수를 쌓기 위해 secured credit card를 신청하고 싶은데요.

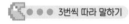

How much is the deposit?

보증금은 얼마인가요?

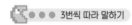

Can you refund me the deposit?

제가 보증금을 돌려받을 수 있나요?

Expressions

build one's credit score ~의 신용 점수를 쌓다 deposit 보증금, 예치금 refund 환불, 환불하다('돌려주다'라는 의미로도 해석 가능)

 **Scene 076**

타국으로 돈을 이체하거나 송금할 때

타국의 계좌로 돈을 이체하거나 송금할 때엔 직접 은행을 방문해서 요청해야 합니다. 타국의 계좌로 돈을 보낼 땐 우선 돈을 수취하게 되는 은행의 '은행 식별 코드'가 필요합니다. 그리고 환율에 따라 송금 액수가 달라질 수 있고 이에 대한 서비스 수수료(fee)가 발생할 수 있습니다. 따라서 타국으로 돈을 보낼 땐 은행에 가서 송금할 돈의 액수, 그리고 돈을 보낼 국가가 어디인지부터 정확히 밝힌 후 이에 대한 수수료는 없는지 추가로 질문하는 것이 좋습니다.

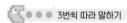 ● ● ● 3번씩 따라 말하기

I'd like to wire 1,000 U.S. dollars to Korea.

미화 1,000달러를 한국에 송금하고 싶어요.

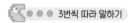 ● ● ● 3번씩 따라 말하기

I want to transfer 1,000 U.S. dollars to my son in Korea.

미화 1,000달러를 한국에 있는 아들에게 송금하고 싶어요.

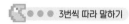 ● ● ● 3번씩 따라 말하기

Is there a fee for it?

그에 대한 수수료가 있나요?

Expressions

wire (은행에서 다른 은행으로) 송금하다 transfer 옮기다, 넘기다 fee for ~ ~에 대한 수수료

 **Scene 077**

큰돈을 작은 돈으로 바꾸고 싶을 때

한국 돈으로 대략 10만원 정도의 가치에 해당하는 100달러짜리 지폐의 경우 미국에서는 큰 금액의 지폐로 취급됩니다. 따라서 동네 상점에서는 100달러짜리 지폐를 받지 않는 곳이 많기 때문에 주로 20달러짜리 정도의 작은 금액의 지폐로 바꿔서 사용합니다. 이처럼 큰 금액의 지폐를 작은 금액의 지폐로 바꿔야 할 땐, 바꾸고자 하는 돈의 액수를 먼저 밝힌 후 이를 얼마짜리 지폐 몇 장으로 바꾸고 싶은지 말하면 됩니다. 참고로 '20달러짜리 2장'이라고 말할 땐 'two twenties'와 같이 말하면 됩니다.

 ● ● ● 3번씩 따라 말하기

Can you give me change for this hundred?

이 100달러를 (작은 돈으로) 바꿔줄 수 있나요?

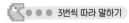 ● ● ● 3번씩 따라 말하기

Can you give me five twenties?

20달러짜리 다섯 장으로 (바꿔)줄 수 있나요?

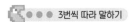 ● ● ● 3번씩 따라 말하기

Can you give fives for this twenty?

이 20달러를 5달러짜리로 바꿔줄 수 있나요?

Expressions

Can you V? ~ 해 줄 수 있나요? give me change for ~ ~(일정 금액의 돈)을 잔돈으로 바꿔서 나에게 주다

Scene 078

동전을 지폐로 바꾸고 싶을 때

한국과 달리 미국 은행에서는 동전을 모아서 가져가면 은행에서 이를 자동으로 분류한 뒤 세어주고 계산해주지 않습니다. 따라서 동전을 지폐로 바꾸기 위해 은행을 방문했을 경우 동전의 단위(ex: 25센트짜리인지 50센트짜리인지)와 총액이 쓰여있는 '동전을 말아서 쌀 수 있는 봉투(coin wrapper)'를 받아서 봉투에 쓰인 총액에 맞게 동전들을 넣은 뒤 이를 돌돌 말아 창구에 가져갑니다. 그다음엔 얼마짜리 동전 몇 묶음을 가져왔는지 말하면서 이를 얼마짜리 지폐 몇 장으로 바꾸고 싶은지 말하면 됩니다.

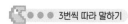 ●●● 3번씩 따라 말하기

These are two rolls of quarters.

이건 25센트짜리 동전 두 묶음이에요.

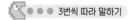 ●●● 3번씩 따라 말하기

Can you give me two twenty dollar bills?

20달러짜리 지폐 두 장으로 줄 수 있나요?

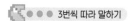 ●●● 3번씩 따라 말하기

Can you give me twenty in tens?

20달러(동전 묶음)를 10달러짜리로 줄 수 있나요?

Expressions

roll (종이나 옷감, 필름 등을 둥글게 말아 놓은) 통, 묶음(문맥상 '종이봉투에 동전을 넣어 만 동전 묶음'을 의미함) quarter 25센트짜리 동전 bill 지폐

다른 나라 돈으로 환전할 때

미국 은행에서는 자신들 은행에 계좌를 가지고 있는 고객에 한하여 사전에 환전 신청을 받습니다. 그 후 고객이 직접 은행을 방문하여 환전이 완료된 돈을 수령할 수 있고 혹은 환전된 돈을 배송받을 수도 있습니다. 덧붙여 환전 시엔 지폐만을 다루며 동전을 바꿔주는 일은 없습니다. 은행에 가서 환전을 신청할 때엔 환전 창구로 찾아간 다음 환전하길 원하는 외국환 및 액수를 이야기하면 됩니다.

 3번씩 따라 말하기

Where can I exchange money?

어디에서 환전할 수 있나요?

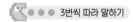 3번씩 따라 말하기

Can you change Korean won to U.S. dollars?

한국 원화를 미화 달러로 바꿔 주시겠어요?

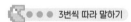 3번씩 따라 말하기

I'd like to exchange 1,000 U.S. dollars for Korean won.

미화 1,000달러를 한국 원화로 환전하고 싶어요.

Expressions

change A to B / exchange A for B A를 B로 바꾸다

환전하면서 환율을 물어볼 때

환전하면서 환율을 물어볼 땐 현재 환율이 어떻게 되는지 직접적으로 물어볼 수도 있고, 혹은 환전하려는 돈이 다른 나라 돈으로 현재 얼마 인지를 물어보며 환율을 체크할 수도 있습니다. 덧붙여 공항이나 환전 소에서 환전할 때엔 '~달러 ~센트'와 같이 동전의 액수까지 정확하게 밝히며 말해야 하는데, 일상에서는 동전을 '~센트'라고 말하는 것이 다소 어색할 수 있기 때문에 '페니(1센트), 니켈(5센트), 다임(10센트), 쿼터(25센트)'와 같이 각 동전의 애칭을 사용해서 말합니다.

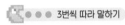 3번씩 따라 말하기

What is the exchange rate?

환율이 어떻게 되나요?

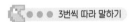 3번씩 따라 말하기

How much is 1,000 U.S. dollars in Korean won?

미화 1,000달러가 한국 원화로 얼마인가요?

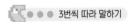 3번씩 따라 말하기

How much is 1,000 U.S. dollars in Euros?

미화 1,000달러가 유로(Euro)화로 얼마인가요?

Expressions

exchange rate 환율 How much A in B? A가 B로 얼마인가요?

Review & Practice

01 안녕하세요, 계좌를 개설하려고 왔어요.

_____

02 신용 카드를 신청하러 왔어요.

_____

03 저는 신용 카드를 사용해 본 적이 한 번도 없어요.

_____

04 미화 1,000달러를 한국에 송금하고 싶어요.

_____

05 미화 1,000달러를 한국에 있는 아들에게 송금하고 싶어요.

_____

06 이 100달러를 (작은 돈으로) 바꿔 줄 수 있나요?

_____

07 이 20달러를 5달러짜리로 바꿔줄 수 있나요?

_____

08 20달러짜리 지폐 두 장으로 줄 수 있나요?

_____

09 어디에서 환전할 수 있나요?

_____

10 미화 1,000달러를 한국 원화로 환전하고 싶어요.

_____

11 환율이 어떻게 되나요?

_____

12 미화 1,000달러가 한국 원화로 얼마인가요?

_____

정답

01 Hi, I'm here to open an account.
02 I'm here to apply for a credit card.
03 I have never used a credit card.
04 I'd like to wire 1,000 U.S. dollars to Korea.
05 I want to transfer 1,000 U.S. dollars to my son in Korea.
06 Can you give me change for this hundred?
07 Can you give fives for this twenty?
08 Can you give me two twenty dollar bills?
09 Where can I exchange money?
10 I'd like to exchange 1,000 U.S. dollars for Korean won.
11 What is the exchange rate?
12 How much is 1,000 U.S. dollars in Korean won?

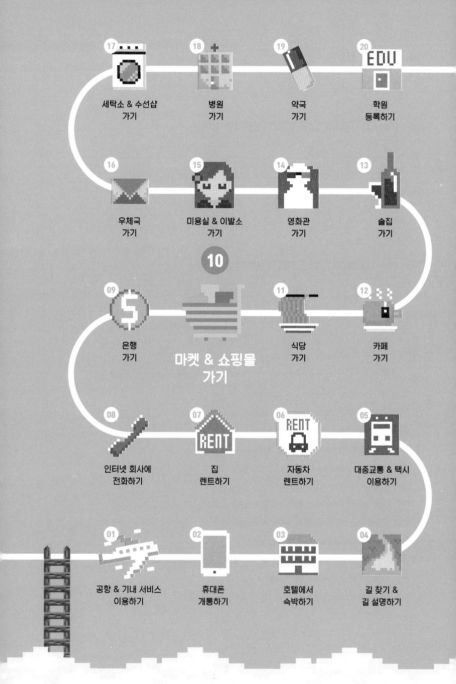

17 세탁소 & 수선샵
가기

18 병원
가기

19 약국
가기

20 학원
등록하기

16 우체국
가기

15 미용실 & 이발소
가기

14 영화관
가기

13 술집
가기

10

09 은행
가기

**마켓 & 쇼핑몰
가기**

11 식당
가기

12 카페
가기

08 인터넷 회사에
전화하기

07 집
렌트하기

06 자동차
렌트하기

05 대중교통 & 택시
이용하기

01 공항 & 기내 서비스
이용하기

02 휴대폰
개통하기

03 호텔에서
숙박하기

04 길 찾기 &
길 설명하기

Mission 10

마켓 & 쇼핑몰 가기

연중 내내
세일 행사가 많은
미국 매장의 특징

▶ 연중 내내 세일 행사가 많은 미국의 쇼핑 문화와 대표적인 세일 행사

미국은 월별 행사가 있을 때마다 백화점이나 아울렛에서 세일 행사도 같이 하기 때문에 연중 내내 세일 행사가 다양하게 진행됩니다. 이 중 가장 대표적인 세일 행사로는 블랙 프라이데이(Black Friday) 세일을 꼽을 수 있는데, 매년 11월 마지막 주 금요일 딱 하루만 해당하기 때문에 치열하게 경쟁하며 쇼핑하는 모습을 볼 수 있으며 이에 따른 웃지 못할 해프닝을 뉴스에서 전하기도 합니다. 이때에는 물건을 60%~90% 정도의 할인된 가격으로 구매할 수 있기 때문에 미국 현지인들뿐만 아니라 전 세계 소비자들도 이 시기를 기다렸다가 물건을 구매합니다. 그리고 블랙 프라이데이 세일 직후 다음 주 월요일에 열리는 사이버 먼데이(Cyber Monday) 세일은 블랙 프라이데이 세일을 놓친 소비자들을 노린 온라인 세일 행사이며, 그 이후 크리스마스 세일과 애프터 크리스마스 세일(After Christmas Sale)이 연달아 이어집니다. 이처럼 세일 행사를 동반한 쇼핑 문화가 미국 사회 전반에 걸쳐 다양하게 발달해 있기 때문에 미국은 '쇼핑 천국'으로도 불립니다.

▶ 쇼핑을 도와주고 있는 점원이 있는지 묻는 이유는?

미국 매장에서는 점원이 쇼핑하는 고객에게 다른 점원으로부터 도움을 받고 있는지 물어보면서 친절하게 도와주려고 하거나, 혹은 계산할 때 도움을 줬던 점원이 있는지, 있다면 해당 점원의 이름이 무엇인지 물어봅니다. 그 이유는 점원 자신이 판매한 물건에 대해 판매 수수료를 받을 수 있기 때문인데, 미국 매장에서는 이것이 자연스럽게 받아들여지는 일입니다. 따라서 쇼핑을 하는 동안 점원이 다가와 'Are you being helped?(누가 도와드리고 있나요?)'라고 질문을 한다면, 'Yes, I am being helped.(네, 도움받고 있습니다.)' 또는 'No, I'm not.(아니오, 도움받고 있지 않아요.)'으로 말하면 되고, 혹 점원의 도움이 부담스러워 거절의 의사를 표하고 싶다면 'No, but I'm fine.(아니오, 그래도 괜찮아요.)'으로 답하면 됩니다. 만약 도와준 점원의 이름이 기억나지 않는다면 그 점원이 있는 곳을 손으로 가리키며 'Yes, that woman helped me.(네, 저기 계신 여자분이 도와줬어요.)'라고 말할 수 있고, 또는 'Yes, someone helped me but I don't remember her name.(네, 어느 분이 도와주셨는데 그 여자분 이름이 기억나지 않아요.)'라고 대답할 수도 있습니다.

물건 가격을 물어볼 때

마켓에서 물건을 구매할 때, 물건에 부착된 가격표가 '원래 가격 (original price)'을 표시한 것인지 '할인된 가격(sale price)'을 표시한 것인지 혼동될 때가 있습니다. 이럴 땐 부착된 가격표가 정가인지 할인가인지 점원에게 물어보고 확인하면 되는데, 좀 더 간단하게는 이것이 '최종 가격(final price)'인지 여부를 물어봐도 됩니다. 또한 표시된 가격에서 추가 할인을 받는 것이 가능한지 여부도 묻는다면 보다 똑똑하게 쇼핑할 수 있겠죠?

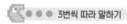 3번씩 따라 말하기

Is it the original price or the sale price?

이게 원래 가격인가요 아니면 할인된 가격인가요?

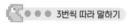 3번씩 따라 말하기

Can I get an additional 20% off of this price?

이 가격에서 20% 더 할인 받을 수 있는 건가요?

 3번씩 따라 말하기

Is it the final price?

이게 최종 가격인가요?

Expressions

original price 원래 가격, 정가 sale price 할인가 get ~% off ~% 할인을 받다 additional 추가의 final price 최종적으로 결정된 가격, 최종 가격

 **Scene 082**

계산대에서 물건을 빼고 싶을 때

계산대에서 계산하는 도중 '이건 사지 말까?' 싶은 물건이 생기거나 결제 금액이 자신의 예산을 초과했다는 생각 때문에 몇몇 물건을 빼고 싶을 때가 생길 수도 있습니다. 이럴 땐 직원에게 그 물건을 제자리에 돌려놓아 달라고 요청하면 되는데, 이때 'put something back(~을 다시 제자리에 돌려놓다)'의 표현을 쓰면 됩니다. 덧붙여 직원에게 부탁할 땐 'Can you ~, please?(~해 주시겠어요?)'나 'I'd like to ~.(~하고 싶어요.)'와 같은 공손한 어투의 문장을 쓰는 것이 좋습니다.

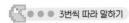 3번씩 따라 말하기

Can you put it back, please?

이거 다시 제자리에 돌려놓아 줄 수 있나요?

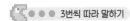 3번씩 따라 말하기

I'd like to put it back.

이거 다시 제자리에 돌려놓고 싶어요.

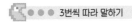 3번씩 따라 말하기

Can you put it back, please?
I don't want to buy it anymore.

이거 다시 제자리에 돌려놓아 줄 수 있나요? 더 이상 이걸 사고 싶지 않네요.

Expressions

put ~ back ~을 다시 제자리에 돌려놓다 I'd like to V. ~하고 싶어요. I don't want to V. ~하고 싶지 않네요. anymore 더 이상, 더는, 이제는

쇼핑 중 점원이 도와주려고 다가올 때

점원은 물건을 판매하면 판매 수수료를 받을 수 있기 때문에 보통 쇼핑 중인 고객에게 다가가 'Are you being helped?(누가 도와드리고 있나요?)'라고 질문하며 친절하게 적극적으로 도와주려고 합니다. 만약 점원이 다가와 이같이 질문하면 당황하지 말고 '이미 다른 점원이 절 도와주고 있어요'라고 말하거나 '이미 다른 점원이 절 도와줬어요'와 같이 말하면 됩니다. 혹 점원의 도움이 부담스럽거나 필요치 않다면 정중하게 'I'm fine.(괜찮아요.)'으로 말하며 거절의 뜻을 표현하면 됩니다.

Someone is helping me.

어떤 분(문맥상 '다른 점원'을 의미)이 저를 도와주고 있어요.

I'm being helped.

저 도움 받고 있어요. (= 지금 다른 분이 저를 도와주고 있어요.)

Someone helped me.

어떤 분(다른 점원)이 (이미) 저를 도와줬어요.

Expressions

help 돕다 I'm being helped. 저 도움 받고 있어요.('I'm being helped'는 직역하면 '저 도움 받고 있어요'라는 뜻인데, 이를 한국말로 좀 더 자연스럽게 풀어서 말하면 '지금 다른 사람이 저를 도와주고 있어요'라는 의미로 해석 가능)

 **Scene 084** 🔊 MP3 084

옷을 쇼핑할 때

미국에서 옷 사이즈는 보통 'small, medium, large'로 분류되며, 여성 옷을 기준으로 봤을 때 small은 'size 2-4-6(허리 24-26-27)', medium 은 'size 8(허리 28)', large는 'size 10(허리 29)'으로 보면 됩니다. 덧붙여 한국과 비교했을 때 미국의 옷 사이즈가 좀 더 크게 나오는 편이니 이를 염두에 두는 게 좋습니다. 그리고 사이즈는 맞는데 다른 색상으로 보고 싶다거나, 혹은 사이즈가 맞지 않아 좀 더 크거나 작은 사이즈로 보고 싶을 땐 아래와 같이 점원에게 물어보면 됩니다.

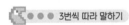 ● ● ● 3번씩 따라 말하기

Do you have the same one in red?

(이것과) 똑같은 것으로 빨간색이 있나요?

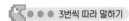 ● ● ● 3번씩 따라 말하기

Do you have the same one in a bigger size?

(이것과) 똑같은 것으로 한 사이즈 더 큰 게 있나요?

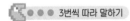 ● ● ● 3번씩 따라 말하기

Do you have the same one in a smaller size?

(이것과) 똑같은 것으로 한 사이즈 더 작은 게 있나요?

Expressions

the same one 똑같은 것 Do you have A in 색상/사이즈? ~인 색상/사이즈의 A가 있나요? bigger(smaller) size 더 큰(더 작은) 사이즈

 **Scene 085**

가방을 쇼핑할 때

가방을 쇼핑하러 갔을 때 자신이 이미 생각해 둔 가방(ex: 배낭, 토트백, 여행용 가방)이 있다면 그것이 있는지부터 묻고, 이후엔 재질(ex: 천, 가죽)이나 구체적인 디자인(ex: 어깨끈이 달린 것) 등을 문의하면 됩니다. 이때 쓸 수 있는 유용한 구문이 바로 'Do you have ~?(~이 있나요?)'인데, 점원에게 'Do you have ~?'라고 물어보게 되면 매장에 자신이 문의한 물건이 있는지를 묻는 말이 됩니다.

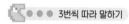 3번씩 따라 말하기

Do you have a laptop back pack?

노트북을 넣을 수 있는 백팩(배낭) 있나요?

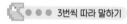 3번씩 따라 말하기

Do you have this in a different kind of leather?

이거 다른 종류의 가죽으로 된 것도 있나요?

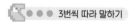 3번씩 따라 말하기

Do you have a tote bag with a shoulder strap?

어깨끈이 달린 토트백 있나요?

Expressions

different kind of ~ 다른 종류의 ~ leather 가죽 (shoulder) strap (어깨)끈

 **Scene 086**

신발을 쇼핑할 때

한국에서는 신발 사이즈를 'mm(밀리미터)'로 표기하지만, 미국에서는
신발 사이즈를 'inch(인치)'로 표기합니다. 따라서 자신이 한국에서 신
던 신발 사이즈가 'inch'로는 얼마인지 미리 알아두고 매장에 가면 편
리합니다. 그리고 신발 매장에서 발 사이즈를 측정할 수 있는지 문의하
면 측정 도구로 발 사이즈를 간단히 측정해 줍니다.

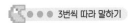 3번씩 따라 말하기

Can you measure my foot?

제 발 사이즈 좀 측정해 주실 수 있나요?

 3번씩 따라 말하기

In Korea, I wear a 240.
What is the equivalent in American size?

제가 한국에서 240을 신는데요,
(이것과) 똑같은 미국 사이즈는 뭔가요?

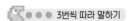 3번씩 따라 말하기

Do you have these in black and in 6 1/2(six and a half)?

이거 검은색으로 6 1/2(반) 사이즈 있나요?

Expressions

measure (치수, 크기, 무게 등을) 측정하다 equivalent 똑같은, 동등한, 등가물

 MP3 087

화장품 가게에서 피부 타입을 설명할 때

화장품 가게에 갔을 때 점원에게 가장 먼저 이야기하게 되는 것은 바로 '피부 타입'입니다. 왜냐하면 피부가 지성인지(oily), 건성인지(dry), 중성인지(normal) 여부에 따라 자신이 써야 하는 화장품의 종류도 달라질 수 있기 때문입니다. 자신의 피부 타입에 관해 설명할 땐 'I have ~ skin type.(저는 ~한 피부 타입이에요.)'라고 말하기보다는 'My skin is ~.(제 피부는 ~해요.)'라고 말하는 것이 더 자연스럽습니다.

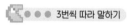 3번씩 따라 말하기

My skin is normal.

제 피부는 중성이에요.

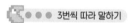 3번씩 따라 말하기

My skin is combination.

제 피부는 복합성이에요.

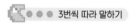 3번씩 따라 말하기

My skin is mostly dry but my forehead is oily.

제 피부는 대체로 건조한데 이마는 지성이에요.

Expressions

---

normal (피부에 유분과 수분이 적절하게 조화된 상태인) 중성인 skin 피부 combination 조합(물), 복합성 mostly 대부분, 대체로 dry 건조한 forehead 이마 oily 지성인

 **Scene 088**

화장품 가게에서 피부 문제점을 말할 때

점원에게 자신의 피부 문제점을 말할 땐 '직접적으로' 표현하는 것이
좋습니다. 따라서 '제 피부는 ~한 경향이 있어요'라는 식으로 돌려 말
하기보다는 'My skin is ~.(제 피부는 ~해요.), I have ~.(저는 ~(한
피부 문제)가 있어요.), I have been getting ~.(저는 ~(한 피부 문제)
가 생기고 있어요.)'라는 식으로 명확하게 문제점을 알려주는 것이 좋
습니다.

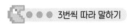 **3번씩 따라 말하기**

My skin is acne prone and uneven.

제 피부는 여드름이 잘 나고 울퉁불퉁해요.

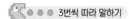 **3번씩 따라 말하기**

I have a lot of acne on my cheeks and jaw line.

저는 뺨이랑 턱 선에 여드름이 많이 나요.

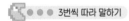 **3번씩 따라 말하기**

Recently, I have been getting acne on my cheeks.

최근 광대 쪽에 여드름이 생기고 있어요.

Expressions

---

acne prone 여드름이 생기기 쉬운 uneven 울퉁불퉁한 cheek 볼, 뺨 jaw line 턱 선
recently 최근에, 요즘

기초 화장품을 문의할 때

'스킨, 로션, 에센스'와 같이 한국에서는 기초 화장품을 지칭하는 다양한 영어 명칭들이 있는데, 이 명칭들은 한국식으로 사용하는 잘못된 영어로 미국에서 이를 그대로 사용하면 점원이 전혀 알아듣지 못하게 됩니다. 따라서 '스킨'은 'skin'이 아니라 'toner'로, '로션'은 'lotion'이 아니라 'moisturizer'로, '에센스'는 'essence'가 아니라 'serum'으로, '피부 타입'은 'skin type'이 아니라 'my skin'이라고 하는 것과 같이 제대로 된 영어 명칭을 잘 알아두어야 합니다.

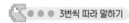 3번씩 따라 말하기

I'm looking for a toner.

스킨을 찾고 있어요.

 3번씩 따라 말하기

I'm looking for a moisturizer. Where can I find that?

로션(수분크림)을 찾고 있는데요. 그거 어디서 찾을 수 있나요?

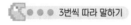 3번씩 따라 말하기

This serum absorbs fast but do you have anything cheaper?

이 에센스는 흡수가 빠른데(흡수력이 좋은데) 좀 더 저렴한 것은 없나요?

Expressions

I'm looking for ~. ~을 찾고 있어요. absorb 흡수하다, 빨아들이다

 **Scene 090**

화장품의 성분과 향을 문의할 때

사람마다 자신의 피부 타입에 맞는 성분의 화장품이 있고, 혹은 자신이
선호하는 특정 향이 있지요? 따라서 구매하고자 하는 화장품에 어떤
성분이 들어가 있는지 묻거나 특정 성분이 덜 들어간 건 없는지, 혹은
자신이 좋아하는 향의 화장품이 있는지 등을 물을 수 있습니다.

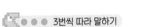 3번씩 따라 말하기

Do you have anything that contains less alcohol?

알코올이 덜 들어간 게 있나요?

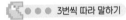 3번씩 따라 말하기

I don't like the scent. Do you have anything with a lighter scent?

전 이 향이 싫어요. 좀 더 향이 가벼운 것이 있나요?

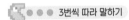 3번씩 따라 말하기

If I use anything that contains alcohol, I break out.

전 뭐든 알코올이 들어간 것을 쓰면 (피부에) 트러블이 생겨요.

Expressions

---

contain less alcohol 알코올을 더 적게 함유하다(알코올이 덜 들어가다) lighter
scent 좀 더 가벼운 향 break out (피부에) 트러블이 생기다

화장품의 성능을 문의할 때

선크림이나 파운데이션과 같이 커버력과 지속력이 중요한 화장품들은 그 성능을 꼭 묻게 됩니다. 따라서 여러 가지 브랜드의 제품 중 어떤 것이 가장 좋은 커버력과 지속력을 가졌는지 점원에게 물어보고 싶을 땐 'Which one ~?(어떤 게 ~한가요?)'라는 구문에 'have the most coverage(가장 좋은 커버력을 가지다), last the longest(가장 오래 지속되다)'와 같은 표현을 넣어서 물어보면 됩니다. 참고로 '선크림'은 콩글리시이기 때문에 미국에서 이를 말할 땐 'suncream'이 아니라 'sunscreen, sunblock'이라고 해야 합니다.

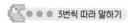 3번씩 따라 말하기

Which one has the highest SPF?

어떤 게 SPF(자외선 차단 지수)가 가장 높은 건가요?

 3번씩 따라 말하기

Which one has the most coverage?

어떤 게 커버력이 제일 좋나요?

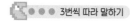 3번씩 따라 말하기

Which one lasts the longest?

어떤 게 가장 지속력이 강한가요?

Expressions

the highest ~ 가장 높은 ~ SPF(sun protection factor) 자외선 차단 지수 the most ~ 가장 많은(좋은) ~ last 지속하다 the longest 가장 길게(오래)

 **Scene 092**

기능성 화장품을 문의할 때

기본적으로 사용하는 기초 화장품 외에도 주름 개선 화장품, 미백 화장품과 같은 '기능성 화장품'에 대해 문의하고 싶을 땐 자신이 어떤 종류의 화장품(ex: 에센스, 아이크림)을 찾고 있는지 말하면서 이 화장품을 어떤 목적으로(ex: 기미를 줄이고 싶다, 주름을 개선하고 싶다) 찾고 있는지를 점원에게 설명하면 됩니다.

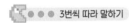 3번씩 따라 말하기

I'm looking for a serum.

에센스를 찾고 있는데요.

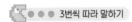 3번씩 따라 말하기

I'm looking for a serum that reduces blemishes.

기미를 줄일 수 있는 에센스를 찾고 있어요.

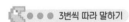 3번씩 따라 말하기

I'm looking for an eye cream that helps improve wrinkles.

주름을 개선할 수 있는 아이크림을 찾고 있어요.

Expressions

I'm looking for A that ~. 저는 ~한 A를 찾고 있어요. reduce 줄이다 blemishes (기미, 반점과 같은) 잡티 improve 개선하다 wrinkle 주름

파운데이션을 문의할 때

한국에서는 파운데이션과 같은 색조 화장품을 '메이크업(make-up) 제품'이라고 하는데 미국에서는 이러한 색조 화장품을 '메이크업'이 아닌 'cosmetic'이라는 단어로 지칭합니다. 참고로 미국에서 기초 화장품은 피부 관리 제품을 뜻하기 때문에 'basic(기초)'이라 하지 않고 'skin care(피부 관리)' 제품이라고 합니다. 파운데이션을 문의할 때에도 'I'm looking for ~, Do you have ~?'를 사용하여 물어볼 수 있습니다.

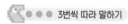 ● ● ● **3번씩 따라 말하기**

Hi, I'm looking for a BB cream.

안녕하세요. BB크림을 찾고 있어요.

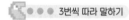 ● ● ● **3번씩 따라 말하기**

Do you have a liquid foundation?

리퀴드 파운데이션이 있나요?

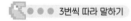 ● ● ● **3번씩 따라 말하기**

I don't like the creamy kind, do you have a liquid one?

전 (끈적임이 있는) 크림 타입을 싫어하는데, 리퀴드 타입이 있나요?

Expressions

BB cream(Blemish Balm) BB크림(피부톤 보정 크림) liquid foundation 리퀴드 파운데이션(액체 파운데이션) creamy 크림이 많은, 크림이 많아 끈적이는(화장품이 끈적인다고 할 때엔 'sticky'보다는 'creamy'라고 하는 것이 더 적절)

피부색에 맞는 화장품을 문의할 때

색조 화장품을 구매할 때엔 자신의 피부색과 어울리는 색조 화장품을 찾아야 하기 때문에 점원에게 자신의 피부색부터 먼저 설명하게 됩니다. 참고로 점원에게 피부색을 설명할 때 '나의 피부색(얼굴색)'이라는 말은 영어로 'my skin color'라 하지 않고 'my complexion, my tone'이라고 해야 하니 이 점을 꼭 기억해 두세요.

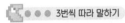 3번씩 따라 말하기

My complexion is light and I have redness.

제 얼굴색은 밝은 편이고 울긋불긋해요.

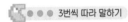 3번씩 따라 말하기

I have natural undertones.

저는 (얼굴색이) 자연적으로 낮은(어두운) 톤이에요.
(= 저는 얼굴색이 어둡게 타고났어요(원래 어두워요).)

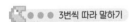 3번씩 따라 말하기

My tone is warm, so a lighter color would work best.

저는 웜톤(노란빛이 도는 따뜻한 얼굴색)이라 더 밝은 색이 가장 잘 어울려요.

Expressions

redness 홍조, 울긋불긋 undertone (피부 톤이) 낮은/어두운 톤 warm 따뜻한(피부 톤이 'warm'하다고 하게 되면 노란빛이 도는 따뜻한 느낌의 피부 톤을 의미함) work best 가장 효과가 있다(문맥상 '가장 잘 어울리다'로 해석 가능)

 **Scene 095**

마스카라, 아이라이너를 문의할 때

눈 화장품에 해당하는 마스카라와 아이라이너에 대해 문의할 땐 색상, 브러시의 굵기 정도, 물에 지워지거나 색이 번지지는 않는지 등을 물어 보게 됩니다. 미국에서 아이라이너의 붓은 'brush(브러시)'라고 하지 않고 'applicator(애플리케이터)'라고 하니 참고해 두세요.

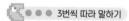 3번씩 따라 말하기

I'm looking for a black waterproof mascara.

검은색 방수 마스카라를 찾고 있어요.

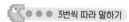 3번씩 따라 말하기

I'm looking for a black eyeliner with a thin applicator.

가느다란 검은색 아이라이너를 찾고 있어요.

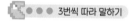 3번씩 따라 말하기

Which one is the longest lasting and smudge proof?

어떤 게 가장 오래가고 번지지 않나요?

Expressions

waterproof mascara 방수 마스카라 eyeliner with a thin applicator (용도에 맞게 적용하여 쓰는) 가느다란 아이라이너 the longest lasting 가장 오래 지속되는 smudge proof/smudge free 번지지 않는, 얼룩 퍼짐이 없는

 **Scene 096**

립스틱, 립글로스를 문의할 때

립스틱이나 립글로스에 대해 문의할 땐 색상, 반짝임의 정도, 끈적임의
정도 등을 물어보게 됩니다. 립스틱이나 립글로스는 같은 빨간색이라
도 'matte red(윤기가 없는 빨간색), less bright(차분한(덜 밝은) 색)'와
같이 미묘한 느낌 차이가 있을 수 있고 반짝임과 끈적임의 정도에 따
라 'less shiny(덜 반짝거리는), 'less sticky(덜 끈적이는)'와 같은 차이
가 있을 수 있기에 비교급 표현을 함께 활용하여 점원에게 문의하면
좋습니다.

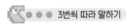 3번씩 따라 말하기

I'm looking for a matte red lipstick.

윤기가 없는 빨간색 립스틱을 찾고 있어요.

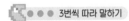 3번씩 따라 말하기

I'm looking for a less bright and non-smudging lipstick.

차분한 색의 번지지 않는 립스틱을 찾고 있어요.

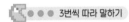 3번씩 따라 말하기

Do you have a less shiny and less sticky one?

덜 반짝거리고 덜 끈적이는 것 있나요?

Expressions

less bright/subdued 차분한 색의 non-smudging 색상이 번지지 않는

화장품을 시험 삼아 발라보고 지울 때

화장품의 색상이 자신에게 잘 어울리는지 테스트해 보기 위해 제품을 직접 발라보는 경우가 종종 있습니다. 그리고 화장품을 발라보고 지울 땐 보통 화장 솜이나 면봉을 사용하는데, 면봉은 원래 영어로 'cotton swab'이 맞지만 미국인이라면 누구나 알고 있는 면봉의 대표 브랜드 인 'Q-tip[큐팁]'이라고 말하는 경우가 더 많으니 참고해 두세요.

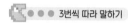 3번씩 따라 말하기

Can I try this?

이거 발라봐도 되나요?

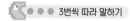 3번씩 따라 말하기

Do you have a piece of cotton to remove this?

이것 좀 지울 수 있는 화장 솜 있나요?

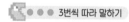 3번씩 따라 말하기

Do you have a Q-tip to remove this?

이것 좀 지울 수 있는 면봉 있나요?

Expressions

try (시험 삼아) 해보다(위에서 'Can I try this?(이거 시도해 봐도 되나요?)'라는 말은 문 맥상 '이거 발라봐도 되나요?'라는 의미이며, 이 뒤에 전치사 'on'을 붙여 'Can I try this on?'이라고 말하면 '옷을 한번 입어봐도 되나요?'라는 의미가 되니 주의해야 함) a piece of cotton 화장 솜 한 장 remove 지우다

 **Scene 098**

선물용 화장품을 살 때

선물용 화장품을 구매할 땐 점원에게 선물 받는 사람과의 관계(ex: 여자 친구, 엄마), 그 사람의 연령대(ex: 20대, 50대), 피부 상태 등을 언급하며 그에 맞는 화장품을 추천해 달라고 부탁하면 점원이 적절한 제품을 권해줍니다. 참고로 미국 화장품 매장에선 제품을 포장해 주지 않고 특별한 프로모션이 있지 않은 이상 비싼 제품을 많이 샀다 하더라도 한국과 같이 무료 샘플 화장품을 따로 주는 경우는 없습니다.

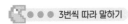 ● ● ● 3번씩 따라 말하기

I'm looking for a gift for my girlfriend.

여자 친구한테 줄 선물을 찾고 있어요.

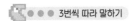 ● ● ● 3번씩 따라 말하기

I'm looking for a gift for my mom. She is in her mid 50s.

저희 엄마께 드릴 선물을 찾고 있어요. 저희 엄마는 50대 중반이에요.

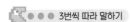 ● ● ● 3번씩 따라 말하기

I'm looking for a gift for a friend in her late 20s. Is there anything you want to recommend?

20대 후반인 제 친구에게 줄 선물을 찾고 있어요. 추천해 주실 만한 게 있나요?

Expressions

in one's early/mid/late 숫자s ~연령대의 초반/중반/후반

찾고 있는 안경테를 설명할 때

찾고 있는 안경테를 설명할 때는 원하는 안경테의 재질(ex: 금속, 플라스틱)을 선택하여 색상과 함께 이야기하면 됩니다(ex: black horn-rimmed glasses (검은색 뿔테 안경)). 이때 'frame(틀/테)'과 'rimmed(테를 두른/~의 테가 있는)'의 단어를 사용하여 안경테를 설명할 수 있는데, 'wire frames(철재로 된 테)' 또는 'horn-rimmed glasses(뿔테 안경)'처럼 '복수형'으로 표현해야 하니 유의하세요.

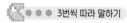 ●●● 3번씩 따라 말하기

I'm looking for gold wire frames.

금테를 찾고 있어요.

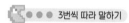 ●●● 3번씩 따라 말하기

I'm looking for black horn-rimmed sunglasses.

검은색 뿔테 선글라스를 찾고 있어요.

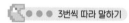 ●●● 3번씩 따라 말하기

I'm looking for frames that are big enough to cover my cheek bones.

광대뼈까지 가려지는 큰 테를 찾고 있어요.

Expressions

gold wire frames 금테 horn-rimmed 뿔테의 big enough to V ~할 만큼 충분히 큰 cheek bone 광대뼈

 **Scene 100**

안경을 추천해 달라고 부탁할 때

안경이나 선글라스를 고를 땐 무엇보다도 '자신에게 잘 어울리는지'가 가장 중요합니다. 따라서 자신의 얼굴형이나 얼굴 특징에 잘 맞는 안경을 추천해 달라고 점원에게 부탁해 보는 것도 좋습니다. 참고로 미국엔 한국에서처럼 무료 애프터서비스가 없기 때문에 고장 나서 수리가 필요할 가능성이 있는 물건을 계산할 때 '프로텍션 보험, 워런티(유료 애프터서비스)' 등을 따로 구매해야 하는 경우가 많습니다.

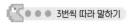 3번씩 따라 말하기

Can you suggest a pair of (sun)glasses?

저한테 잘 맞는 안경(선글라스) 하나만 추천해 주실래요?

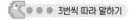 3번씩 따라 말하기

Can you find a good pair (of glasses)?

좋은 안경 하나 찾아 주실래요?

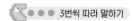 3번씩 따라 말하기

Can you find something that fits my face shape?

제 얼굴형에 잘 맞는 걸로 찾아 주실래요?

Expressions

Can you suggest ~? ~ 좀 추천해 주실래요? a pair of (sun)glasses 안경(선글라스) 한 개 Can you find ~? ~ 좀 찾아 주실래요? fit one's face shape ~의 얼굴형에 잘 맞다

안경의 코 받침/다리를 조절해야 할 때

마음에 드는 안경이나 선글라스를 고른 후엔 안경의 '코 받침(nose pad)'이나 '안경다리(earpiece)'를 자신의 얼굴에 맞게 조절해야 할 필요가 있을 수 있습니다. 이처럼 점원에게 코 받침과 다리를 조절해 달라고 부탁할 땐 'Can you adjust ~?(~을 조절해 주시겠어요?)'라는 말로 부탁하면 되고, 코 받침의 경우 단순히 조절해 달라고만 부탁하는 것이 아니라 '코 받침의 높이(the height of the nose pads)'를 조절해 달라고 하는 등 좀 더 구체적으로 부탁할 수도 있습니다.

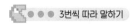 3번씩 따라 말하기

Can you adjust my nose pads?

제 (안경의) 코 받침을 좀 조절해 주시겠어요?

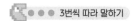 3번씩 따라 말하기

Can you adjust the height of the nose pads?

제 (안경의) 코 받침의 높이를 좀 조절해 주시겠어요?

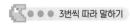 3번씩 따라 말하기

Can you adjust the earpieces?

안경다리를 좀 조절해 주시겠어요?

Expressions

adjust 조절하다 nose pad (안경 등의) 코 받침 the height of ~ ~의 높이
earpiece 안경다리

맞춤 안경이나 선글라스를 살 때

미국에는 눈 질환을 검사하고 치료하는 '안과', 그리고 시력을 측정하는 '검안과'가 있습니다. 따라서 자신의 시력에 문제가 있다고 생각된다면 '검안과'에 가서 시력을 측정한 뒤 이에 대한 처방전을 발급받고, 이 처방전에 맞는 안경이나 선글라스를 맞출 수 있습니다. 이처럼 처방전에 맞춰 만들어진 안경이나 선글라스는 'prescription(처방)'이라는 단어를 써서 'prescription glasses(맞춤 안경), prescription sunglasses(맞춤 선글라스)'라고 하는데, 안경이나 선글라스 외에도 '렌즈(lenses)' 역시 '맞춤 렌즈(prescription lenses)'로 구매 가능합니다.

 ● ● ● 3번씩 따라 말하기

Can I get prescription sunglasses?

맞춤(시력에 맞게 처방된) 선글라스를 살 수 있을까요?

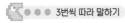 ● ● ● 3번씩 따라 말하기

Can I get a pair of prescription glasses?

맞춤(시력에 맞게 처방된) 안경을 살 수 있을까요?

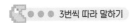 ● ● ● 3번씩 따라 말하기

I'd like to get a pair of prescription lenses.

맞춤(시력에 맞게 처방된) 렌즈를 사고 싶어요.

Expressions

Can I get ~? ~을 구할 수 있을까요?(문맥상 '~을 살 수 있을까요?'라는 의미)
prescription glasses/sunglass/lenses 맞춤 안경/선글라스/렌즈

Review & Practice

01 이 가격에서 20% 더 할인 받을 수 있는 건가요?

_____

02 이거 다시 제자리에 돌려놓아 줄 수 있나요?

_____

03 (이것과) 똑같은 것으로 한 사이즈 더 큰 게 있나요?

_____

04 어깨끈이 달린 토트백 있나요?

_____

05 이거 검은색으로 6 1/2(반) 사이즈 있나요?

_____

06 제 피부는 대체로 건조한데 이마는 지성이에요.

_____

07 로션(수분크림)을 찾고 있는데요. 그거 어디서 찾을 수 있나요?

_____

08 어떤 게 커버력이 제일 좋나요?

_____

09 주름을 개선할 수 있는 아이크림을 찾고 있어요.

_____

10 저는 웜톤이라 더 밝은 색이 가장 잘 어울려요.

_____

11 저한테 잘 맞는 안경(선글라스) 하나만 추천해 주실래요?

_____

12 맞춤(시력에 맞게 처방된) 안경을 살 수 있을까요?

_____

___ 정답 _____

01 Can I get an additional 20% off of this price?
02 Can you put it back, please?
03 Do you have the same one in a bigger size?
04 Do you have a tote bag with a shoulder strap?
05 Do you have these in black and in 6 1/2(six and a half)?
06 My skin is mostly dry but my forehead is oily.
07 I'm looking for a moisturizer. Where can I find that?
08 Which one has the most coverage?
09 I'm looking for an eye cream that helps improve wrinkles.
10 My tone is warm, so a lighter color would work best.
11 Can you suggest a pair of (sun)glasses?
12 Can I get a pair of prescription glasses?

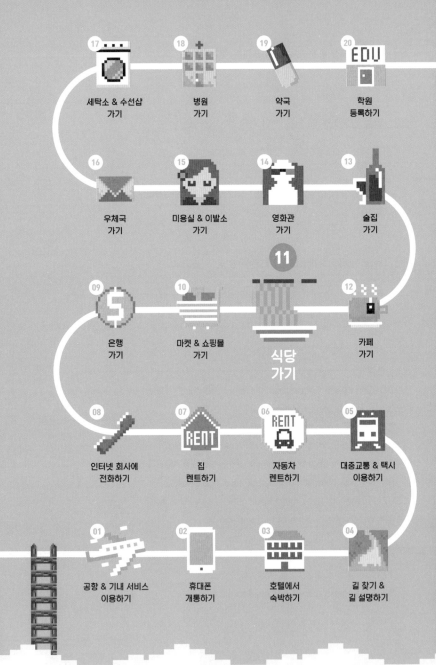

17 세탁소 & 수선샵
가기

18 병원
가기

19 약국
가기

20 학원
등록하기

16 우체국
가기

15 미용실 & 이발소
가기

14 영화관
가기

13 술집
가기

11

09 은행
가기

10 마켓 & 쇼핑몰
가기

식당
가기

12 카페
가기

08 인터넷 회사에
전화하기

07 집
렌트하기

06 RENT
자동차
렌트하기

05 대중교통 & 택시
이용하기

01 공항 & 기내 서비스
이용하기

02 휴대폰
개통하기

03 호텔에서
숙박하기

04 길 찾기 &
길 설명하기

Mission ⑪

식당
가기

개인의 취향과
입맛을 존중하는
미국의 식당 문화

해외에 가서 그 나라의 음식을 먹어보는 것은 즐거운 일일 뿐만 아니라 그 나라의 문화를 보다 쉽게 체험할 좋은 기회입니다. 마찬가지로 미국 식당에 가서 음식을 주문하고 먹어보는 일은 미국 문화의 특징을 엿볼 좋은 기회를 제공해 줍니다. 하지만 서로 다른 문화로 인해 익숙하지 않은 상황에 직면하게 되면 당황하거나 불편함을 느낄 수 있는데요. 이를 방지하기 위해 현지인들의 생활과 문화적 배경을 미리 알고 식당에 간다면 낯설어 당황스러울 수 있는 상황에 좀 더 유연하게 대처할 수 있습니다.

▶ 개인의 의견과 입맛을 존중하는 미국 문화

미국에서는 식당에 갔을 때 손님 마음대로 들어가 빈자리에 앉지 않으며, 종업원의 안내에 따라 자리에 앉게 됩니다. 그리고 음식을 주문할 때는 먹고 싶은 메뉴를 이야기하는 것으로 간단하게 끝나지 않고, 메뉴를 정한 후 그에 따른 다양한 옵션들을 선택해야 합니다. 이는 미국의 개인의 의견을 존중하는 문화가 개인의 입맛을 존중하는 문화로 이어졌기 때문인데요. 이러한 문화로 인해 미국에서는 음식점과 커피숍을 비롯해 햄버거, 샌드위치, 아이스크림 등 먹거리를 파는 모든 가게에서 손님 개인의 취향을 존중해 기본 메뉴 외에도 그에 따른 여러 옵션을 제공하는 것을 볼 수 있습니다. 따라서 음식을 주문할 때 직원의 질문이 많고 그에 따라 주문 시간이 길어질 수밖에 없습니다.

▶ 기본 메뉴에 따른 다양한 옵션 선택

심지어 간단한 브런치 메뉴인 계란 프라이와 빵 하나를 주문할 때조차 계란 프라이를 어떻게 익힐 것인지 본인이 원하는 익힘의 정도를 이야기해야 하며, 빵은 구울 것인지 말 것인지 여부도 선택해야 합니다. 햄버거를 먹을 땐 패티와 감자튀김은 어떻게 구울 것인지 원하는 굽기 정도를 이야기해야 하며 햄버거에 들어가는 양파와 같은 부재료는 뺄 것인지 넣을 것인지, 넣는 것을 원한다면 생으로 넣을 것인지 구워서 넣을 것인지 선택해야 합니다. 또한 샌드위치를 주문할 때에도 샌드위치 빵을 고르고 난 후 빵에 들어가는 속 재료인 치즈, 야채, 드레싱 등을 손님이 직접 선택해서 말해야 합니다. 그리고 말할 땐 천천히 말하더라도 본인이 원하는 것을 정확히 전달해야 합니다.

 **Scene 103**

식당에 전화를 걸어 예약할 때

예약이 필수인 식당을 가게 되거나 특별한 일로 식당을 사전 예약할 필요가 있을 경우, 식당에 '전화'를 걸어 예약하게 됩니다. 이처럼 전화로 식당을 예약할 땐 기본적으로 원하는 날짜와 인원수를 정확하게 밝히고, 경우에 따라서는 식당에서 갖게 될 모임의 성격이나 목적을 알려주고 주차 조건 등에 대해서도 물어볼 수 있습니다.

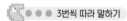 ● ● ● 3번씩 따라 말하기

I'm calling to make a reservation for four.

4명 (자리를) 예약하려고 전화했어요.

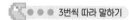 ● ● ● 3번씩 따라 말하기

I'm calling to book a table for four at 7 on May 8th.

5월 8일 7시에 4명이 앉을 수 있는 자리(테이블)를 예약하려고 전화했어요.

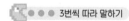 ● ● ● 3번씩 따라 말하기

I'm calling to make a reservation to have a birthday party there on the 10th of July.

7월 10일에 생일파티를 하기 위해 예약하려고 전화했어요.

Expressions
---
make a reservation 예약하다 book a table for ~ ~명(인용) 테이블을 예약하다(즉 '~명이 앉을 수 있는 자리를 예약하다'라는 의미)

예약을 변경하거나 취소할 때

갑작스러운 일정 변경과 같이 때론 부득이한 상황으로 예약을 변경하거나 취소해야 하는 경우가 있습니다. 그리고 인터넷을 통해 예약했다 하더라도 변경과 취소는 전화를 걸어 해결해야 하는 경우가 대부분입니다. 이처럼 전화를 걸어 예약을 변경하거나 취소할 땐 예약자의 '성 (last name)'을 통해 이름을 먼저 확인하게 되는데, 한국어로 된 이름의 경우 직원이 듣기에 낯설 수 있으므로 이름을 발음해서 알려주기보다 이름의 철자를 하나씩 알려주는 것이 소통에 더 도움이 됩니다.

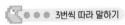
● ● ● 3번씩 따라 말하기

I'm calling to change my appointment.

예약을 변경하고 싶어서 전화했어요.

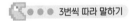
● ● ● 3번씩 따라 말하기

I made a reservation for next Saturday, but I'd like to cancel it.

제가 다음 주 토요일로 예약했는데, 이걸 취소하고 싶어요.

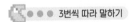
● ● ● 3번씩 따라 말하기

Is there a cancellation fee?

취소 수수료(위약금)가 있나요?

Expressions

change one's appointment 예약을 변경하다 cancel 취소하다 fee (어떤 서비스를 사용하는데 지불하는) 수수료, 요금 cancellation fee 취소 수수료, 위약금

일행이 있을 때

식당에 도착하면 일단 접수 담당자가 손님이 몇 명인지부터 파악하게 됩니다. 만약 식당에 먼저 도착해 다른 일행을 기다리고 있다면 담당자에게 전체 인원수가 몇 명인지 말한 뒤 현재 나머지 일행을 기다리고 있다고 말하면 됩니다. 그러면 담당자가 전체 인원수를 정확히 파악해 인원수에 맞는 자리로 안내받을 수 있게끔 해줍니다.

 3번씩 따라 말하기

I'm waiting for someone.

누군가를 기다리는 중이에요(더 올 사람이 있어요).

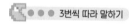 3번씩 따라 말하기

We are a party of four and we're waiting for one person.

저희 일행은 4명인데 그중 한 명을 기다리고 있어요.

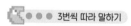 3번씩 따라 말하기

Can we get a table for six? We are together.

6명이 앉을 테이블이 있나요? 저희가 일행이거든요.

Expressions

wait for someone 누군가를 기다리다(문맥상 '누군가 더 올 거다. 더 올 사람이 있다'라는 의미) party 일행 table for ~ ~명이 앉을 테이블

메뉴를 선택하기 힘들 때

처음 가는 식당이라 어떤 음식이 괜찮을지 판단하기 어려워 메뉴 선택
이 난감한 경우, 종업원에게 가장 잘 나가는 음식이 뭔지 묻거나 음식
을 추천해 달라고 부탁할 수 있습니다. 미국 식당에서는 종업원이 기본
급만 받고 그 외엔 손님으로부터 서비스에 대한 팁을 받기 때문에 손
님들에게 음식 추천은 물론 손님의 취향에 맞는 음식을 골라주거나 손
님과 짤막한 대화도 나누고 음식도 친절하게 서빙해 줍니다.

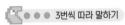 3번씩 따라 말하기

What's the most popular dish here?

여기서 가장 잘 나가는 음식이 뭔가요?

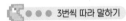 3번씩 따라 말하기

Is there anything you can recommend?

추천해 줄 만한 게 있나요?

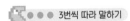 3번씩 따라 말하기

Is there anything you want to recommend to us?

저희에게 추천해 주고 싶은 것이 있나요?

Expressions

the most popular dish 가장 인기 있는 음식, 가장 잘 나가는 음식 Is there
anything you can(want to) ~? ~해 줄 만한 게(해 주고 싶은 것이) 있나요?
recommend 추천하다

 **Scene 107**

음식이 서빙되는 순서를 부탁할 때

여러 가지 음식을 다양하게 주문한 경우, 하나씩 차례대로 음식을 받고 싶을 수도 있고 이와는 반대로 모든 음식을 한꺼번에 받고 싶을 수도 있습니다. 이처럼 자신이 원하는 순서와 방식으로 음식을 서빙해 달라고 종업원에게 부탁할 땐 'Can you bring A out ~?(A를 ~하게 갖다주실래요?)'라는 구문으로 부탁하면 됩니다. 참고로 손님이 자리한 테이블을 담당하는 종업원이 정해지면 손님이 필요한 것이 있을 때 다른 종업원에게 요청하지 않고 담당 종업원에게 요청하도록 합니다.

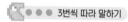 ● ● ● 3번씩 따라 말하기

Can you bring them out separately?

음식(들)을 따로따로 갖다주실래요?

 ● ● ● 3번씩 따라 말하기

Can you bring them out when they are ready?

음식(들)이 준비되면 갖다주실래요?

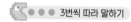 ● ● ● 3번씩 따라 말하기

Can you bring them out all together?

음식(들)을 모두 (한꺼번에) 같이 갖다주실래요?

Expressions

---

bring something out ~을 갖고 나가다 separately 각기, 별도로, 따로따로 ready 준비된 all together 다 함께, 동시에

 **Scene 108**

남은 음식을 싸가고 싶을 때

미국 식당에서는 음식이 남으면 손님이 이를 당연히 싸갈 것으로 생각합니다. 따라서 남은 음식을 싸가고 싶을 땐 종업원에 이를 가져갈 수 있게끔 해달라고 부탁하면 됩니다. 종업원에게 이를 부탁할 땐 'to-go box(남은 음식을 포장해 갈 수 있도록 한 박스)'를 갖다 달라고 한 뒤 남은 음식을 상자에 직접 담아서 가져갈 수도 있고, 혹은 종업원에게 남은 음식을 싸달라고 부탁하면 종업원이 이를 음식 종류와 양에 알맞은 상자에 포장해 가져갈 수 있게끔 준비해줍니다.

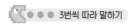 ● ● ● 3번씩 따라 말하기

Can I get this wrapped up?

이것 좀 싸주시겠어요?

 ● ● ● 3번씩 따라 말하기

Can I get a to-go box?

싸서 가져갈 수 있는 박스 좀 주시겠어요?

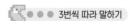 ● ● ● 3번씩 따라 말하기

Can I get a box for this?

이걸 싸갈 수 있는 박스 좀 주시겠어요?

Expressions

get A wrapped up A를 싸다. A를 포장하다('get A 과거분사'라는 표현은 'A를 ~한 상태로 만들다'라는 의미인데, 여기에 'wrap up(싸다, 포장하다)'의 과거분사 'wrapped up'을 넣어 'get A wrapped up'이라고 하게 되면 'A를 싸여진(포장된) 상태로 만들다 → A를 싸다(포장하다)'라는 의미가 됨)

 **Scene 109**

계란 프라이를 주문할 때

미국에서 브런치를 먹을 때 빼놓을 수 없는 것 중 하나가 바로 계란 요리입니다. 계란 요리엔 크게 'fried eggs(계란 프라이), scrambled eggs(스크램블 에그), poached eggs(수란)'가 있고, 계란 프라이와 스크램블 에그는 계란의 익힘 정도에 따라 그 종류가 달라집니다. 따라서 계란 프라이를 주문하면 종업원이 'How do you want your eggs?(계란은 어떻게 해드릴까요?)'라고 질문하게 되는데, 여기에 자신이 얼마만큼 익힌 계란 프라이를 원하는지 아래와 같이 말할 수 있습니다.

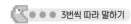 3번씩 따라 말하기

I want my eggs sunny side up.

제 계란은 한쪽만 익히고 노른자는 터지지 않게 해주세요.

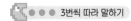 3번씩 따라 말하기

I want them over easy.

(계란을) 양쪽 다 익히되 노른자는 터뜨리지 않고 살짝만 익혀주세요.

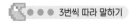 3번씩 따라 말하기

I want mine over hard.

제 것은 양쪽 모두 노른자까지 완전히 다 익혀주세요.

Expressions

sunny side up 한쪽 면만 익히면서 노른자는 터지지 않게 한 over easy 양쪽 면을 다 익히면서 노른자는 터지지 않게 한 over hard 양쪽 면을 익히면서 노른자까지 터뜨려 다 익힌

 **Scene 110** 🔊 MP3 110

스크램블 에그를 주문할 때

스크램블 에그는 계란의 노른자와 흰자를 섞어 휘저어가며 기름에 익히는 요리인데, 이 역시 자신이 원하는 익힘 정도를 'soft(물기가 있듯이 부들부들한), medium(중간 정도로 익힌, 반만 익힌), hard(완전히 다 익힌)'와 같이 종업원에게 부탁할 수 있습니다. 참고로 끓는 물에 계란을 띄워서 익히는 요리인 '수란(poached eggs)'을 먹고자 한다면 브런치를 취급하는 식당에서 '에그 베네딕트(Eggs Benedict)'라는 메뉴를 주문하면 됩니다. 에그 베네딕트의 경우 특별한 기술이 필요한 요리이기 때문에 식당 메뉴에 없는 경우도 있으니 참고해 두세요.

 3번씩 따라 말하기

I want them scrambled soft.

(계란을) 부들부들한 스크램블로 해주세요.

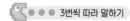 3번씩 따라 말하기

I want them scrambled medium.

반만 익힌 스크램블로 해주세요.

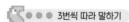 3번씩 따라 말하기

I want them scrambled hard.

완전히 다 익힌 스크램블로 해주세요.

Expressions

scramble 스크램블을 만들다(계란의 흰자와 노른자가 섞이게 휘저어가며 기름에 부치는 요리법) medium 중간 정도로(반만) 익힌 hard 완전히 익힌

 **Scene 111**

다른 사람 계란 요리를 대신 주문할 때

미국에서 계란 요리를 만들 땐 일반적으로 2개 이상의 계란을 사용합니다. 따라서 특별히 1개만 따로 주문하는 경우를 제외하고 'fried eggs, scrambled eggs'와 같이 'eggs'라고 말하며 계란 요리를 주문합니다. 또한 다른 사람을 대신해서 계란 요리를 주문할 땐 아래에서 볼 수 있듯이 'Can you make them ~ for A?(A의 것(계란)은 ~하게 해주실래요?)'와 같은 구문을 써서 주문하면 됩니다.

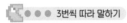 3번씩 따라 말하기

Can you make them over easy for my mom?

저희 엄마 건 양쪽 다 익히고 노른자는 터지지 않게 해주실래요?

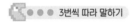 3번씩 따라 말하기

Can you make them over medium for my son?

제 아들 건 양쪽 다 익히고 노른자는 반만 익혀주실래요?

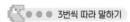 3번씩 따라 말하기

Can you make his over hard?

이분 건 양쪽 모두 노른자까지 완전히 다 익혀주실래요?

Expressions

Can you make his/her ~? 그의 것/그녀의 것은 ~하게 해주실래요?

 **Scene 112**

스테이크를 주문할 때

스테이크를 주문하면 종업원이 'How do you want it cooked?(스테이크는 어떻게 해드릴까요?)'라고 묻는 것을 들을 수 있는데, 이는 스테이크를 '어느 정도로 굽기를 원하는지'를 묻는 말입니다. 이 질문엔 '① rare(레어): 고기가 거의 익지 않은, ② medium rare(미디엄 레어): 아주 약하게 익힌, ③ medium(미디엄): 약하게 익힌, ④ medium well(미디엄 웰): 잘 익혔지만 완전히 익지 않은, ⑤ well done(웰던): 바싹 익힌'과 같이 총 5가지 정도의 굽기로 말할 수 있습니다. 그리고 한국에서 쓰는 '미디엄 웰던'이란 표현은 콩글리시이니 참고해 두세요.

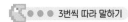 ● ● ● 3번씩 따라 말하기

I want my steak medium.

제 스테이크는 미디엄으로 해주세요.

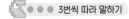 ● ● ● 3번씩 따라 말하기

I want it medium well.

제 것은 미디엄 웰로 해주세요.

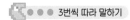 ● ● ● 3번씩 따라 말하기

I want mine well done.

제 것은 웰던으로 해주세요.

Expressions

I want my steak ~. 제 스테이크는 ~(정도의 굽기)로 해주세요.('my steak' 대신 대명사 'it, mine'을 써서 말해도 됨)

🔊 **MP3 113**

햄버거를 주문할 때

수제 햄버거 가게에서 햄버거를 주문할 땐 점원이 먼저 손님에게 햄버거 패티의 굽기를 어느 정도로 해주면 좋을지 물어보고, 기성 햄버거 가게(햄버거 체인점)에서는 손님이 먼저 패티의 굽기를 자신의 입맛에 맞게 해달라고 요구하는 편입니다. 햄버거 패티의 굽기 역시 'rare, medium rare, medium, medium well, well done'과 같이 스테이크의 굽기를 표현할 때 쓰는 말들로 나타낼 수 있는데, 햄버거 패티는 다진 돼지고기나 소고기가 들어가기 때문에 거의 모든 경우 'medium well(미디엄 웰), well done(웰던)'으로 주문합니다.

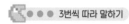 ● ● ● 3번씩 따라 말하기

I want my burger well done.

제 버거(패티)는 웰던으로 해주세요.

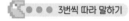 ● ● ● 3번씩 따라 말하기

I want it medium well.

이거(제 버거(패티)는) 미디엄 웰로 해주세요.

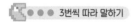 ● ● ● 3번씩 따라 말하기

I want it well done.

이거(제 버거(패티)는) 웰던으로 해주세요.

Expressions

I want my burger ~. 제 버거(패티)는 ~(정도의 굽기)로 해주세요.('my burger'라고 하는 대신 대명사 'it'을 써서 말해도 됨)

Scene 114

🔊 MP3 114

감자튀김 & 햄버거 부재료를 주문할 때

햄버거를 먹을 땐 보통 감자튀김을 같이 먹게 되는데, 감자튀김을 오랫동안 바삭하게 즐기고 싶다면 감자튀김을 'well done(웰던)'으로 해달라고 부탁하면 됩니다. 또한 햄버거 안에는 패티 외에도 양파나 피클 등의 부재료가 들어가는데, 이들 역시 '양파는 빼달라, (생양파가 싫으니) 양파는 구워서 달라, 피클을 더 넣어달라'와 같이 요청할 수 있습니다. 참고로 재료를 추가하고 싶을 땐 'with extra 재료(~라는 재료)를 더 넣어서)'라는 표현으로 요청하면 됩니다.

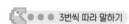 3번씩 따라 말하기

Can you make the fries well done?

감자튀김은 바삭하게 해주실래요?

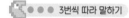 3번씩 따라 말하기

Can you grill the onions?

양파는 구워서 주실래요?

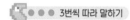 3번씩 따라 말하기

Can I get a number 1 with extra pickles?

1번 메뉴에 피클을 더 넣어서 주실래요?

Expressions

fries 프렌치프라이, 감자튀김 onion 양파 pickle 피클 Can you make the fries ~? 감자튀김은 ~하게 해주실래요? Can you grill ~? ~을 구워서 주실래요? Can I get A with extra B? A에 B를 더 넣어서 주실래요?

 **Scene 115**

 MP3 115

샌드위치를 주문할 때

미국 내 대표적인 샌드위치 가게인 'Subway Sandwich(서브웨이 샌드
위치)'에서는 다양한 종류의 샌드위치를 다양한 사이즈로 주문할 수 있
는데요. 서브웨이에서 샌드위치를 주문할 땐 단순히 메뉴를 고르는 것
을 넘어 빵, 햄, 치즈, 야채, 드레싱까지 직접 선택해서 말해야 합니다.
간혹 재료를 선택할 때 손가락으로 원하는 재료를 가리키려는 사람들
도 있지만, 이렇게 되면 정확히 뭘 가리키는지 몰라 대화가 꼬이고 혼
선이 빚어질 수 있습니다. 또한 원하는 것을 '말'로 표현하는 것이 기본
예의로 받아들여지니 이를 염두에 두는 게 좋습니다.

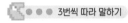 3번씩 따라 말하기

I want a foot-long turkey sandwich.

풋롱 사이즈의 칠면조 샌드위치로 할게요.

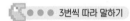 3번씩 따라 말하기

I'll have a 6 inch Italian BMT.

전 6인치 사이즈의 이탈리안 BMT로 먹을게요.

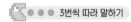 3번씩 따라 말하기

Can I get a Cold Cut Combo?

콜드 컷 콤보 하나 주시겠어요?

Expressions

foot-long 12인치 길이 6 inch 6인치 길이(바게트 빵의 반 정도 사이즈) I'll have ~.
저는 ~로 먹을게요. combo 콤보(세트 메뉴)

샌드위치 빵을 데워 달라고 할 때

샌드위치 가게에서 빵을 선택한 다음 빵을 데워 달라고 먼저 요청하지 않으면, 점원이 먼저 'Do you want it toasted?(빵을 구워 드릴까요?), Wanna heat it up?(빵을 데워 드릴까요?)'과 같이 빠르게 물어봅니다. 점원에게 빵을 데워 달라고 요청할 땐 '(음식을) 따뜻하게 하다, 데우다'라는 뜻의 'heat something up, warm something up'이라는 표현을 써서 말하면 되고, 빵을 구워 달라고 요청할 땐 '(노릇하게) 굽다'라는 뜻의 'toast'라는 단어를 써서 말하면 됩니다. 참고로 빵을 데우거나 구워 달라는 요청은 샌드위치 가게에서뿐만 아니라 카페에서 빵이나 머핀을 사 먹을 때에도 할 수 있겠죠?

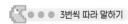 ● ● ● 3번씩 따라 말하기

Can you heat it up?

그걸(빵을) 데워 주실래요?

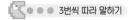 ● ● ● 3번씩 따라 말하기

Can you warm it up?

그걸(빵을) 데워 주실래요?

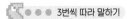 ● ● ● 3번씩 따라 말하기

I want it toasted.

그걸(빵을) 구워서 주세요.

Expressions

Can you ~? ~해 주실래요? I want it ~. 그걸 ~하게 주세요.

샌드위치 재료를 선택할 때

'Subway Sandwich(서브웨이 샌드위치)' 가게에는 직원과 손님 사이에 샌드위치 재료들이 나열되어 있고 이를 가리고 있는 유리막이 있기 때문에 서로의 목소리가 잘 안 들릴 수 있습니다. 따라서 약간 큰 소리로 주문하는 것이 좋습니다. 또한 재료를 고를 때 재료의 이름을 하나하나 말하는 것이 부담스럽다면 모든 재료를 다 넣어 달라고 한 뒤 이 중 빼고 싶은 몇 가지 재료의 이름만 언급하며 주문하면 편리합니다.

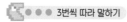 ●●● 3번씩 따라 말하기

Can you just put everything (on it)?

(그 안에 재료를) 그냥 다 넣어 주실래요?

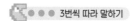 ●●● 3번씩 따라 말하기

I want a turkey sandwich with everything.

칠면조 샌드위치에 모든 재료를 다 넣어 주세요.

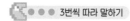 ●●● 3번씩 따라 말하기

Can you just put everything except jalapenos?

할라피뇨는 빼고 다 넣어 주실래요?

Expressions

put everything 모든 것을 다 넣다 turkey sandwich 칠면조 샌드위치(칠면조햄이 들어간 샌드위치) except ~ ~을 제외하고 jalapenos 할라피뇨(영어 발음은 [할라페뇨])

 **Scene 118**

🔊 MP3 118

샌드위치를 잘라 달라고 할 때

미국 'Subway Sandwich(서브웨이 샌드위치)'의 샌드위치는 크기도 크지만 그 안에 재료도 푸짐하게 들어가는 편입니다. 따라서 직원이 손님에게 샌드위치를 줄 때 이를 그대로 주기보다는 반으로 잘라줄 때가 많고, 혹은 손님이 먼저 샌드위치를 반으로 잘라 달라고 부탁할 수도 있습니다. 또는 필요에 따라 반이 아닌 더 많은 조각으로 잘라 달라고 요청할 수도 있습니다. 그리고 샌드위치 안에 재료가 많이 들어갈 것에 대비해 빵 속을 파달라고 요청할 수도 있는데, 빵 속을 파내면 아무래도 재료가 더 안정적으로 들어갈 수 있겠지요?

 3번씩 따라 말하기

Can you cut it in half?

그걸(샌드위치를) 반으로 잘라 주실래요?

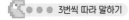 3번씩 따라 말하기

Can you cut it into three pieces?

그걸(샌드위치를) 3조각으로 잘라 주실래요?

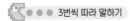 3번씩 따라 말하기

Can you dig out the bread?

빵 속을 좀 파내어 주실래요?

Expressions

cut ~ in half ~을 반으로 자르다 cut A into ~ piece(s) A를 ~ 조각으로 자르다
dig out (~을) 파내다

아이스크림을 주문할 때

아이스크림을 주문할 땐 주문하고 싶은 아이스크림의 이름을 말하면서 양은 얼마만큼 원하는지 'scoop(스쿱)' 단위로 말한 다음 이를 어떤 용기(ex: 컵, 콘, 와플)에 담을 것인지도 말하면 됩니다. 이때 'Can I get/ have a scoop of A in B?(A라는 아이스크림 한 스쿱을 B에 담아 주실래요?)'와 같은 구문으로 주문하면 됩니다.

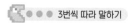 3번씩 따라 말하기

Can I get a scoop of Cherry Jubilee in a cup?

체리쥬빌레 맛 한 스쿱을 컵에 담아 주실래요?

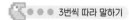 3번씩 따라 말하기

Can we get two scoops of strawberry vanilla in two individual cups?

딸기바닐라 맛 두 스쿱을 각각 두 개의 컵에 담아 주실래요?

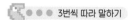 3번씩 따라 말하기

Can I have a scoop of strawberry in a cup and a scoop of vanilla in a cone?

딸기 맛 한 스쿱은 컵에, 바닐라 맛 한 스쿱은 콘에 담아 주실래요?

Expressions

a scoop of ~ ~의 한 스쿱(숟갈) in a cup/a cone 컵에/콘에 individual 개별의

 **Scene 120** **MP3 120**

아이스크림 토핑을 선택할 때

아이스크림을 주문할 땐 '아몬드 슬라이스, 젤리, 초콜릿 칩, 마시멜로'
와 같은 다양한 토핑을 선택해서 추가할 수 있습니다. 특히 이들 토핑
중 '젤리(gummy)'가 인기가 좋은데, 한국에서는 이를 보통 '젤리, 구미'
라고 발음하지만 미국에서는 '[거미]'라고 발음해야 제대로 알아듣습니
다. 그러니 젤리를 주문하실 땐 발음에 주의하세요.

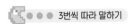 3번씩 따라 말하기

Can I get a scoop of vanilla with sliced almonds?

바닐라 맛 한 스쿱에 아몬드 슬라이스를 넣어 주실래요?

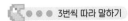 3번씩 따라 말하기

Can I get two scoops of strawberry with rainbow sprinkles?

딸기 맛 두 스쿱에 레인보우 스프링클을 뿌려 주실래요?

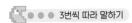 3번씩 따라 말하기

Can I get a scoop of chocolate and a scoop of vanilla with gummy bears (on top) in a cup?

초콜릿과 바닐라 맛 한 스쿱을 컵에 담아 곰돌이 젤리를 (위에) 올려 주실래요?

Expressions

sliced almonds 아몬드 슬라이스 gummy bears 곰돌이 젤리

Review & Practice

01 4명 (자리를) 예약하려고 전화했어요.

_____

02 누군가를 기다리는 중이에요(더 올 사람이 있어요).

_____

03 여기서 가장 잘 나가는 음식이 뭔가요?

_____

04 음식(들)을 따로따로 갖다주실래요?

_____

05 이것 좀 싸주시겠어요?

_____

06 제 계란은 한쪽만 익히고 노른자는 터지지 않게 해주세요.

_____

07 저희 엄마 건 양쪽 다 익히고 노른자는 터지지 않게 해주실래요?

_____

08 감자튀김은 바삭하게 해주실래요?

_____

09 그걸(빵을) 데워 주실래요?

_____

10 (그 안에 재료를) 그냥 다 넣어 주실래요?

_____

11 그걸(샌드위치를) 3조각으로 잘라 주실래요?

_____

12 체리쥬빌레 맛 한 스쿱을 컵에 담아 주실래요?

_____

― 정답 ―

01 I'm calling to make a reservation for four.
02 I'm waiting for someone.
03 What's the most popular dish here?
04 Can you bring them out separately?
05 Can I get this wrapped up?
06 I want my eggs sunny side up.
07 Can you make them over easy for my mom?
08 Can you make the fries well done?
09 Can you heat it up?
10 Can just put everything (on it)?
11 Can you cut it into three pieces?
12 Can I get a scoop of Cherry Jubilee in a cup?

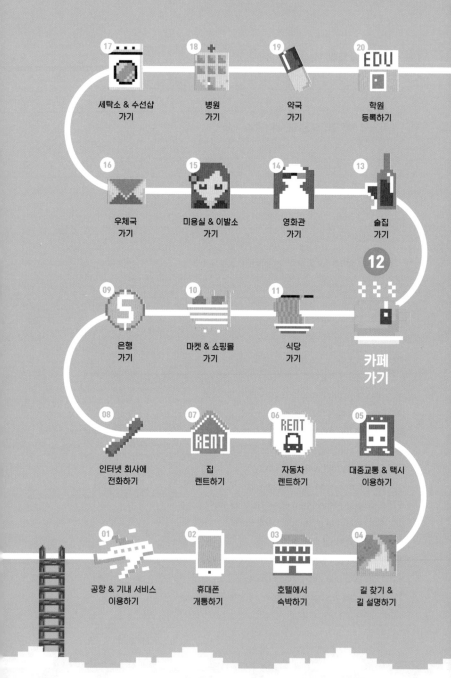

17 세탁소 & 수선샵
가기

18 병원
가기

19 약국
가기

20 학원
등록하기

16 우체국
가기

15 미용실 & 이발소
가기

14 영화관
가기

13 술집
가기

12

09 은행
가기

10 마켓 & 쇼핑몰
가기

11 식당
가기

카페
가기

08 인터넷 회사에
전화하기

07 집
렌트하기

06 RENT 자동차
렌트하기

05 대중교통 & 택시
이용하기

01 공항 & 기내 서비스
이용하기

02 휴대폰
개통하기

03 호텔에서
숙박하기

04 길 찾기 &
길 설명하기

Mission 12

카페 가기

미국 카페에서의
커피 주문 방식 및
커피 맛을 조절하는 방법

▶ 커피를 주문할 때 옵션을 묻는 문화

아침잠을 깨우는 신선한 모닝커피, 식사 후 디저트와 함께 마시는 커피, 누군가를 만나거나 혼자서 여유를 즐길 때 마시는 커피처럼 미국인들에게 커피는 일상입니다. 이처럼 커피에 대한 애정이 각별한 미국인들은 자신이 좋아하는 다양한 방법으로 커피를 즐겨 마십니다. 따라서 미국 카페에서 커피를 주문할 땐 직원이 손님에게 물어보는 것이 많고 손님이 자신의 기호에 맞게 선택해야 하는 옵션도 많습니다.

▶ 원하는 것을 구체적으로 말하는 커피 주문 방식

미국 카페에서 커피를 주문할 땐 개인의 취향에 맞게 구체적으로 말하는 것이 특징입니다. 이를테면 커피의 사이즈와 종류를 선택한 후 커피 안에 첨가되는 우유의 종류를 선택하고 커피의 당도를 조절하기 위해 감미료나 시럽을 넣을 것인지 안 넣을 것인지에 대해서도 선택해야 합니다.

▶ 커피에 우유를 넣고 싶을 땐?

커피에 우유를 넣고 싶을 땐 우유에 알레르기나 특정한 취향이 있는 것이 아니라면 지방 함량에 따라 분류된 whole milk(일반 우유), half & half(우유 반 크림 반), 2% milk(지방 함량 2% 우유), non-fat milk(무지방 우유) 중 추가하고 싶은 우유 종류를 선택하여 직원에게 알려주거나 혹은 카운터에 비치된 우유를 본인이 직접 커피에 부어서 추가할 수 있습니다.

▶ 커피의 당도와 쓴맛을 조절하고 싶을 땐?

커피의 당도를 조절하고 싶을 땐 감미료(sweetener)나 원하는 설탕의 종류를 말하면서 넣어 달라고 요청하면 되고, 시럽을 넣고 싶을 땐 추가하고 싶은 시럽의 양을 몇 번 펌프해서 넣을 것인지 또는 '달게, 너무 달지 않게'와 같이 원하는 당도를 직원에게 말하면서 요청하면 됩니다. 그리고 커피의 쓴맛을 조절하고 싶을 땐 주문 후에 요청하지 말고 아예 커피를 주문할 때 '샷을 하나만 넣어주세요'와 같은 식으로 요청하는 것이 좋습니다. 참고로 커피가 너무 뜨거워서 직원에게 커피를 덜어내고 차가운 물을 부어달라고 말하면 직원이 당황할 수 있으니 주의해야 합니다.

커피를 주문할 때

커피를 주문할 때 영어와 한국어로 말하는 순서에 차이가 있습니다. 예를 들어 한국어로 '아메리카노 작은 거 한 잔'으로 표현한다면 영어로는 'a small Americano(수량+사이즈+커피 종류)'로 표현합니다. 참고로 사이즈별로 커피를 주문할 땐 'tall(작은), grande(큰), venti(가장 큰)'와 같은 용어를 써서 표현하는데(ex: a tall latte(톨 사이즈 라떼 한 잔)) 이들 뒤에 'size(크기)'라는 단어를 붙여서 말하면 어색하니 주의하세요.

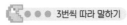

● ● ● 3번씩 따라 말하기

Can I get a small Americano?

아메리카노 작은 거 한 잔 주시겠어요?

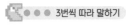

● ● ● 3번씩 따라 말하기

Can I have three large Cappuccinos?

카푸치노 큰 걸로 세 잔 주시겠어요?

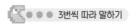

● ● ● 3번씩 따라 말하기

Can I get a large iced Americano and two hot lattes?

아이스 아메리카노 큰 거 한 잔이랑 뜨거운 라떼 두 잔 주시겠어요?

Expressions

Can I get/have ~? ~을 주시겠어요?('Can I get/have ~?'를 직역하면 '~을 구할 수/가질 수 있을까요?'이지만, 매장에서 직원에게 이 말을 하면 '~을 주시겠어요?'라고 부탁하는 뉘앙스의 말)

🔊 MP3 122

여러 잔의 커피를 주문할 때

커피를 여러 잔 주문해서 가지고 나갈 땐 이를 담을 수 있는 'carrier(캐리어)'를 요청하게 되는데, 캐리어는 모양에 따라 'carrier with a handle(손잡이가 있는 캐리어)'과 'tray(쟁반형 캐리어)'로 나뉩니다. 또한 대용량 커피를 통 하나에 넣어서 가져가고 싶을 땐 'traveler(트래블러)'를 요청하면 되는데, traveler 대신 box라는 명칭으로 칭해도 됩니다.

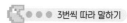 ● ● ● 3번씩 따라 말하기

Can I get a carrier?

캐리어를 주시겠어요?

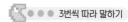 ● ● ● 3번씩 따라 말하기

Can you put four in a tray and the other two in a carrier with a handle?

4잔은 쟁반형 캐리어에, 나머지 2잔은 손잡이가 있는 캐리어에 주시겠어요?

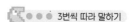 ● ● ● 3번씩 따라 말하기

I'd like to order coffee for 20 people but not individual coffees. Can you give me a box?

20명이 마실 커피를 주문하고 싶은데 개별 잔으로 하진 않으려고요.
박스(대용량 커피를 담을 수 있는 박스)로 주실 수 있나요?

Expressions

I'd like to order ~. ~을 주문하고 싶어요. individual 개별의

커피의 당도를 입맛에 맞게 조절할 때

커피를 주문할 때 커피의 당도를 자신의 입맛에 맞게 조절하고 싶다면 주문과 동시에 이를 요청하는 것이 좋습니다. 하지만 음료를 받은 후에 부탁해도 큰 상관은 없습니다. 단, 이미 달게 해달라고 요청해 놓고 이를 다시 싱겁게 해달라고 하거나, 이미 쓴맛의 커피를 주문해 놓고 이를 다시 싱겁게 해달라고 요청하게 되면 서로에게 불편하고 당황스러운 상황을 발생시킬 수 있으니 주의해야 합니다.

 3번씩 따라 말하기

I want it lightly sweetened.

그거 살짝 달게(너무 달지 않게) 해주세요.

 3번씩 따라 말하기

Can I get a small iced latte with sweetener?

아이스 라떼 작은 거 한 잔에 감미료를 넣어서 주시겠어요?

 3번씩 따라 말하기

Can I get two large Cappuccinos with whipped cream but no syrup?

카푸치노 큰 거 두 잔에 시럽 없이 생크림을 넣어서 주시겠어요?

Expressions

lightly 가볍게, 약간(살짝) sweeten 달게 하다, 설탕(감미료)을 넣다 iced latte 아이스 라떼 sweetener 감미료 whipped cream 생크림, 휘프트 크림(한국에서는 '휘핑 크림'이라고 하는데 제대로 된 명칭은 '휘프트 크림')

 **Scene 124** 🔊 MP3 124

커피를 추가/취소/변경할 때

추가로 주문하고 싶은 커피나 주문한 커피 중 취소하거나 변경하고 싶은 커피가 있을 경우 직원에게 부탁하면 이를 흔쾌히 들어줍니다. 미국 카페의 직원이나 사장은 고객과 'small talk(담소)'을 즐기며 친근감을 드러내는 경우가 많기 때문에, 고객이 주문을 추가/취소/변경하기 위해 말을 걸면 고객이 하는 말을 잘 듣기 위해 눈을 똑바로 바라보며 귀 기울이는 경우가 많습니다. 이런 모습이 우리에게는 다소 익숙지 않아 당황스러울 수도 있지만 이는 미국 직원이 고객과 소통하는 방식이니 자연스럽게 받아들이면 됩니다.

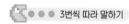 ● ● ● 3번씩 따라 말하기

I want to add an iced Americano.

아이스 아메리카노 한 잔 더 추가하고 싶어요.

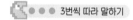 ● ● ● 3번씩 따라 말하기

I want to cancel the hot latte.

뜨거운 라떼는 취소할게요.

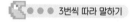 ● ● ● 3번씩 따라 말하기

Can I change the latte to a Caramel Macchiato?

라떼를 카라멜 마끼아또로 바꿔도 되나요?

Expressions

add 추가하다 cancel 취소하다 change A to B A에서 B로 바꾸다

Scene 125

🔊 MP3 125

잔에 여분의 공간을 남겨달라고 할 때

주문해서 받은 커피 맛이 너무 쓴 경우, 직원에게 커피를 덜고 물을 부어 희석해 달라고 하면 직원이 무척 당황할 수 있습니다. 따라서 커피를 주문할 때 아예 직원에게 커피잔에 여분의 공간(room)을 남겨달라고 하면서 물 한 잔도 따로 달라고 부탁하면, 커피 맛이 쓸 경우 자신이 직접 커피에 물을 부어 쓴맛을 조절할 수 있습니다. 덧붙여 카운터에 비치된 우유도 더 추가해서 마실 수 있으니 참고해 두세요.

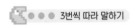 3번씩 따라 말하기

Can you leave room?

(잔/컵에) 여분의 공간을 좀 남겨 주시겠어요?

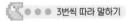 3번씩 따라 말하기

Can you leave space (for milk)?

(우유를 넣을) 여분의 공간을 좀 남겨 주시겠어요?

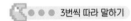 3번씩 따라 말하기

Can you leave room? And can I also get a small cup of water on the side?

(잔/컵에) 여분의 공간을 좀 남겨 주시겠어요?
그리고 작은 컵에 물 한 잔도 따로 주시겠어요?

Expressions

leave room/space (for ~) (~을 위한/~을 넣을) 공간을 남기다 a cup of water 물 한 잔 on the side 옆에, 별도로

 **Scene 126** MP3 126

커피의 온도를 입맛에 맞게 조절할 때

미국인들은 뜨거운 커피를 즐기기 때문에 우리에게는 충분히 뜨겁게 느껴지는 커피인데도 더 뜨겁게 해달라고 요청하는 경우가 많습니다. 이처럼 커피를 더 뜨겁게 해달라고 요청할 땐 '~을 더 뜨겁게 하다'라는 뜻의 'make ~ extra hot, make ~ hotter'과 같은 표현을 써서 요청하면 됩니다. 반대로 커피가 너무 뜨거울 경우에 대비하고자 한다면 주문할 때 컵에 공간을 남겨달라고 하면서 별도의 얼음을 달라고 요청할 수 있습니다(너무 뜨거울 경우 얼음을 넣어서 온도를 조절).

 3번씩 따라 말하기

Can you make it extra hot?

그것 좀 더 뜨겁게 해주실 수 있나요?

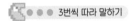 3번씩 따라 말하기

My coffee is not hot enough. Can you make it hotter?

제 커피가 미지근해서요. 더 뜨겁게 해주실 수 있나요?

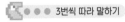 3번씩 따라 말하기

Can I get a small cup of ice on the side?

별도로 작은 컵에 얼음 좀 담아서 가져갈 수 있을까요?

Expressions

make ~ hotter(extra hot) ~을 더 뜨겁게 만들다 hot enough 충분히 뜨거운(not hot enough = 충분히 뜨겁지 않은 = 미지근한)

🔊 **MP3 127**

컵 홀더 & 뚜껑 마개를 요청할 때

미국에선 커피를 주문하면 커피를 컵 끝까지 꽉 채워주기 때문에 뜨거운 커피를 주문했을 경우 잡기가 힘들 수 있고, 아이스 커피를 주문했을 경우 컵 표면에 물방울이 맺혀 잡기 번거로울 수 있습니다. 따라서 커피 주문 시 컵을 감싸는 컵 홀더인 'sleeve(슬리브)'를 달라고 하거나 커피가 구멍 밖으로 흘러넘치지 않도록 컵 뚜껑의 구멍을 막는 'stopper(스탑퍼)'를 달라고 요청할 수 있습니다. 특히 'drive through(드라이브 스루)'로 커피를 주문할 경우엔 반드시 직원에게 이를 달라고 요청해야 받을 수 있으니 꼭 기억해 두세요.

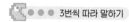 ● ● ● 3번씩 따라 말하기

Can you put a sleeve on it?

거기에 슬리브(컵 홀더)를 씌워 주시겠어요?

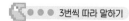 ● ● ● 3번씩 따라 말하기

Can you put two sleeves around the cup?

컵에 슬리브(컵 홀더) 2개를 씌워 주시겠어요?

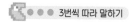 ● ● ● 3번씩 따라 말하기

Can you put a stopper in the lid?

뚜껑에 스탑퍼를 꽂아 주시겠어요?

Expressions

put A on B B에 A를 놓다(문맥상 'B에 A를 씌우다'라는 의미로 해석 가능) put A around B B에 A를 두르다(씌우다) put A in B B에 A를 넣다(꽂다) lid 뚜껑

원두의 맛을 문의할 때

원두는 종류에 따라 쓴맛, 신맛, 고소한 맛을 가지고 있습니다. 따라서 원두를 살 때 위 세 가지 맛을 중심으로 맛을 문의하면 자신의 입맛에 맞는 원두를 보다 손쉽게 찾을 수 있습니다. 참고로 원두의 신맛은 'sour(신, 시큼한)'라는 단어로 묘사하지 않습니다. 원두는 과일과 같은 열매를 따서 볶은 것이기 때문에 'fruity(과일의 신맛이 나는)', 'citrusy(귤, 오렌지류의 신맛이 나는)'와 같은 단어로 묘사합니다. 그리고 원두의 고소한 맛은 'nutty(땅콩류의 고소한 맛이 나는)'라는 단어로 묘사하니 위와 같은 표현들을 잘 숙지해 두세요.

 ● ● ● 3번씩 따라 말하기

Which one is the least bitter?

어떤 게 맛이 가장 덜 쓴가요?

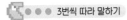 ● ● ● 3번씩 따라 말하기

Which one is the least fruity?

어떤 게 맛이 가장 덜 신가요?

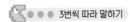 ● ● ● 3번씩 따라 말하기

Which one is nutty and sweet?

어떤 게 맛이 고소하고 달콤한가요?

Expressions
___

Which one is ~? 어떤 것이 ~한가요? least 가장 덜/적게/작게, 최소로 bitter 쓴 fruity 신 nutty 고소한 sweet 달콤한

원두를 갈아 달라고 할 때

미국 카페에서 원두를 사게 되면 직원이 'Do you want it ground?(원두를 갈아 드릴까요?)'라고 질문을 하게 되는데, 이때 자신이 원하는 굵기로 원두를 갈아 달라고 요청하면 직원이 직접 원두를 갈아서 봉투에 담아 줍니다. 참고로 마켓에서 원두를 구매할 땐 마켓에 무료로 이용할 수 있는 'grinder(그라인더): 원두를 가는 기계'가 비치되어 있기 때문에 기계에 적혀 있는 굵기 중 자신이 원하는 굵기를 선택한 뒤 원두를 직접 갈아서 담아갈 수 있습니다.

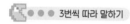 ● ● ● 3번씩 따라 말하기

Can you give me a coarse grind?

굵게 갈아 주시겠어요?

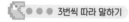 ● ● ● 3번씩 따라 말하기

Can you give me a medium grind?

중간 굵기(너무 굵지도 가늘지도 않게)로 갈아 주시겠어요?

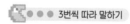 ● ● ● 3번씩 따라 말하기

Can you give me a fine grind?

가늘게 갈아 주시겠어요?

Expressions

Can you give me a ~ grind? 내게 ~하게 갈린 것을 주시겠어요?(즉 '~하게 갈아 주시겠어요?'라는 의미로 해석 가능) coarse (입자나 표면이) 굵고 거친 medium 중간의 fine (잘 다듬어져서) 가늘고 미세한

 **Scene 130**

포인트 적립 카드를 받고 싶을 때

한국과 마찬가지로 미국 카페에서도 손님에게 포인트를 적립할 수 있는 '포인트 적립 카드(loyalty card)', 혹은 도장을 찍어서 포인트를 적립할 수 있는 '도장 찍는 카드(stamp card)'를 제공하는 경우가 많습니다. 하지만 미국에서는 카페 직원이 먼저 손님에게 포인트 적립 카드를 제시하거나 이것이 필요한지 여부를 묻는 경우가 드물고, '포인트를 적립시켜 주겠다, 도장을 찍어 주겠다'고 먼저 말하는 경우도 드뭅니다. 따라서 직원에게 포인트 적립 카드나 도장을 찍을 수 있는 카드가 있는지 물어본 후 이를 받아서 활용하면 좋겠지요?

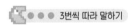 3번씩 따라 말하기

Do you have a loyalty card?

포인트 적립 카드가 있나요?

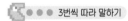 3번씩 따라 말하기

Can I get a loyalty card?

포인트 적립 카드를 받을 수 있을까요?

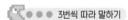 3번씩 따라 말하기

Can I have a stamp card?

도장 찍는 카드를 받을 수 있을까요?

Expressions

Do you have ~? ~이 있나요? Can I get/have ~? ~을 받을 수 있을까요? loyalty card 포인트 적립 카드 stamp card 도장 찍는 카드

카페에서 포인트로 주문하고 싶을 때

적립 포인트를 확인할 수 있는 컴퓨터 시스템이 갖춰져 있는 카페의 경우 직원이 먼저 고객에게 적립 포인트를 사용할지 말지 여부를 물어볼 수 있습니다. 하지만 이러한 시스템이 없는 작은 카페의 경우 직원에게 적립 포인트를 사용할 수 있는지를 먼저 묻고, 그 포인트를 사용해서 음료를 주문하거나 기타 상품을 구매하고 싶다고 요청해야 합니다.

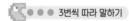 3번씩 따라 말하기

I would like to use my points for my order.

주문하는데 포인트를 사용하고 싶어요(포인트로 주문하고 싶은데요).

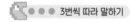 3번씩 따라 말하기

Can I claim my points to buy a tall latte and a mug?

제 포인트를 써서 톨 사이즈 라떼 한 잔과 머그 한 개를 살 수 있을까요?

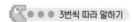 3번씩 따라 말하기

I earned 10 stamps for a free drink. Can I use it?

무료 음료를 받을 수 있는 도장 10개를 다 모았어요. 그거 사용할 수 있죠?

Expressions

use A for B B를 위해 A를 사용하다 claim one's points ~의 포인트를 사용하다 earn 벌다, 얻다 free 무료의

 **Scene 132**

🔊 MP3 132

와이파이 & 화장실 이용을 문의할 때

카페 내 화장실, 그리고 카페를 이용하는 고객에게 제공되는 와이파이 서비스엔 대부분 '비밀번호'가 설정되어 있습니다. 하지만 이에 대해 안내되어 있지 않은 경우도 꽤 많기 때문에 직원에게 직접 비밀번호를 물어봐야 합니다. 참고로 화장실은 비밀번호를 눌러서 여는 키패드가 부착된 경우도 있지만 열쇠로 문을 열고 들어가야 하는 경우도 있으니 이 경우엔 화장실 열쇠를 달라고 요청하면 됩니다. 그리고 직원이 비밀 번호를 너무 빨리 말해서 정확히 듣지 못했다 싶은 생각이 들 땐 한 번 더 정확히 확인해 보는 것이 좋겠죠?

 3번씩 따라 말하기

What's the password for the WiFi?

와이파이 비밀번호가 뭔가요?

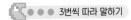 3번씩 따라 말하기

Can I get a key to the restroom?

화장실 열쇠 좀 받을 수 있을까요?

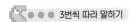 3번씩 따라 말하기

Can I get the passcode to the restroom?

화장실 비밀번호 좀 알 수 있을까요?

Expressions

password for ~ ~의 비밀번호 key to ~ ~(을 여는) 열쇠 passcode to ~ ~(으로 들어가는) 비밀번호

Review & Practice

01 아이스 아메리카노 큰 거 한 잔이랑 뜨거운 라떼 두 잔 주시겠어요?

_____

02 4잔은 쟁반형 캐리어에, 나머지 2잔은 손잡이가 있는 캐리어에 주시겠어요?

_____

03 카푸치노 큰 거 두 잔에 시럽 없이 생크림을 넣어서 주시겠어요?

_____

04 라떼를 카라멜 마끼아또로 바꿔도 되나요?

_____

05 (우유를 넣을) 여분의 공간을 좀 남겨 주시겠어요?

_____

06 제 커피가 미지근해서요. 더 뜨겁게 해주실 수 있나요?

_____

07 컵에 슬리브(컵 홀더) 2개를 씌워 주시겠어요?

_____

08 어떤 게 맛이 가장 덜 신가요?

_____

09 중간 굵기(너무 굵지도 가늘지도 않게)로 갈아 주시겠어요?

_____

10 포인트 적립 카드가 있나요?

_____

11 제 포인트를 써서 톨 사이즈 라떼 한 잔과 머그 한 개를 살 수 있을까요?

_____

12 화장실 비밀번호 좀 알 수 있을까요?

_____

정답

01 Can I get a large iced Americano and two hot lattes?

02 Can you put four in a tray and the other two in a carrier with a handle?

03 Can I get two large Cappuccinos with whipped cream but no syrup?

04 Can I change the latte to a Caramel Macchiato?

05 Can you leave space (for milk)?

06 My coffee is not hot enough. Can you make it hotter?

07 Can you put two sleeves around the cup?

08 Which one is the least fruity?

09 Can you give me a medium grind?

10 Do you have a loyalty card?

11 Can I claim my points to buy a tall latte and a mug?

12 Can I get the passcode to the restroom?

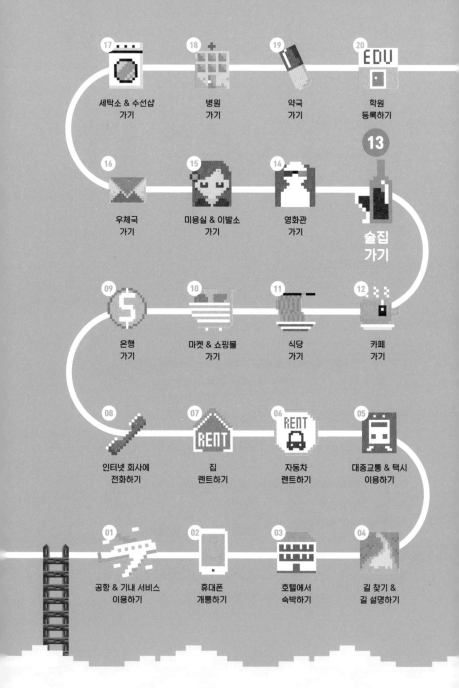

17 세탁소 & 수선샵
가기

18 병원
가기

19 약국
가기

20 학원
등록하기

16 우체국
가기

15 미용실 & 이발소
가기

14 영화관
가기

13 술집
가기

09 은행
가기

10 마켓 & 쇼핑몰
가기

11 식당
가기

12 카페
가기

08 인터넷 회사에
전화하기

07 집
렌트하기

06 자동차
렌트하기

05 대중교통 & 택시
이용하기

01 공항 & 기내 서비스
이용하기

02 휴대폰
개통하기

03 호텔에서
숙박하기

04 길 찾기 &
길 설명하기

Mission 13

술집
가기

자유로워 보이지만 미국의 엄격한 음주문화

▶ 술을 마실 수 있는 장소가 제한적인 미국

미국에서 술에 관련한 법이 엄격한 편이기 때문에 술을 마실 수 있는 장소가 제한적이며, 식당이나 바(Bar)를 포함한 어느 곳이든 주류 판매 허가증(Alcoholic Beverage Control: ABC License)을 발급받은 곳에서만 술을 마실 수 있습니다. 이 ABC License는 쉽게 발급받을 수 없는 허가증으로 정평이 나 있는 만큼 이를 발급받기 위해서는 까다롭고 엄격한 절차와 심사를 통과해야 하므로 발급받기까지 꽤 오랜 시간이 걸립니다. 이러한 이유로 미국에서는 한국만큼 쉽게 대중식당에서 식사하면서 주류를 주문하지 못하는 경우가 많습니다.

▶ 무료 안주를 제공하지 않는 미국의 주류 판매점

미국의 주류 판매점에 가서 술을 주문하면 한인이 운영하는 한국식 술집이 아닌 이상 따로 무료 안주를 제공하는 일은 없습니다. 단지 간단한 땅콩 정도를 안주로 받을 수 있는 게 전부인데, 이 또한 손님이 점원에게 반복적으로 달라고 부탁하지 않습니다.

▶ 법적 규제가 매우 엄격한 미국의 음주 문화

미국인들이 운동 경기나 영화를 관람할 때 맥주를 마음껏 마시며 즐기는 모습 때문에 언뜻 음주를 자유롭게 즐기는 문화가 만연한 것처럼 보일 수 있으나, 미국에서 음주에 대한 법적 규제는 매우 엄격합니다. 예를 들어 미국 바(Bar)에서 바텐더는 손님이 술에 취해 보일 경우 서빙을 바로 거부할 수 있습니다. 또한 한국에서는 어느 정도 허용될 수 있는 개인적인 주사가 미국에서는 타인에게 위협이 되는 작은 난동으로 취급되어 바텐더나 주변 사람들이 바로 경찰을 불러 조치를 취할 수 있습니다. 이럴 경우 손님은 음주한 상태에서 난동을 부린 행동 때문에 음주에 해당하는 추가적인 처벌을 받을 수 있습니다. 또한 미국 도로에 'Zero Tolerance'라고 적혀있는 안내판이 있다면 단 한잔의 가벼운 음주라도 절대 허용하지 않는 '무관용 처벌' 장소임을 나타내는 것입니다. 참고로 변호사나 의사처럼 전문 자격증을 소유한 사람이나 관직에 있는 사람이 음주 운전을 하다가 적발된 경우에는 면허 취소는 물론 자격을 박탈당하거나 엄청난 액수의 벌금을 내야 합니다.

맥주를 피처로 주문할 때

아래와 같이 'pitcher(피처)' 단위로 맥주를 주문할 땐 'a pitcher of beer(맥주 피처 하나), two pitchers of beer(맥주 피처 두 개), a pitcher of XXX(XXX라는 맥주 피처 하나), two pitchers of XXX(XXX라는 맥주 피처 두 개)'와 같이 주문하면 됩니다. 덧붙여 미국에선 맥주를 주문하면 맥주를 거의 잔 끝까지 채워서 내어줄 만큼 맥주 1인분의 양도 푸짐한데, 잔을 가득 채운 맥주를 흘리지 않기 위해 이를 덮을 수 있는 뚜껑을 요청하면 직원이 당황할 수 있으니 참고해 두세요.

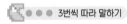 3번씩 따라 말하기

Can we order a pitcher of beer?

맥주 피처 하나 주문할 수 있을까요?

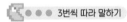 3번씩 따라 말하기

Can we have a pitcher of Budweiser?

Budweiser 피처 하나 주시겠어요?

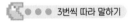 3번씩 따라 말하기

Can we have two pitchers of Corona?

Corona 피처로 두 개 주시겠어요?

Expressions

Can we order ~? ~을 주문할 수 있을까요? Can we have ~? ~을 구할 수 있을까요?(문맥상 상대방에게 '~을 주시겠어요?'라고 부탁하는 뉘앙스의 말) pitcher of ~ ~의 피처

 **Scene 134**

맥주의 양이 얼마나 되는지 물어볼 때

한국과 달리 미국 바에서는 맥주를 cc 단위로 주문하지 않습니다. 따라서 미국 바에서 맥주를 주문할 경우 맥주의 양이 어느 정도인지 가늠이 잘 안 될 수가 있는데, 이럴 땐 직원에게 맥주의 양이 어느 정도인지 직접 물어볼 수 있습니다. 단, 한국과 같이 cc 단위를 사용해서 물어보면 안 되고, 미국에서 사용하는 단위인 ounce(1ounce는 약 30cc 혹은 약 30ml), pint(1pint는 약 473ml), gallon(1gallon은 약 3.78L) 등을 사용해서 물어봐야 합니다.

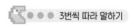 **3번씩 따라 말하기**

How many ounces are in the bigger glass?

더 큰 잔으로는 몇 온스인가요?

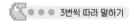 **3번씩 따라 말하기**

How many ounces are in the smaller glass?

더 작은 잔으로는 몇 온스인가요?

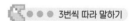 **3번씩 따라 말하기**

Do you have a bigger size of beer?

더 큰 사이즈의 맥주가 있나요?

Expressions

How many ounces are in ~? ~로 몇 온스인가요? the smaller(bigger) glass 더 작은(더 큰) 잔 Do you have ~? ~을 갖고 있나요?, ~이 있나요? smaller(bigger) size of ~ 더 작은(더 큰) 사이즈의 ~

생맥주를 주문할 때

스포츠를 좋아하는 미국인들은 야구, 미식축구, 농구 시즌이 되면 스포츠 바에서 경기를 보며 생맥주를 즐겨 마십니다. 동네의 작은 바에서부터 시내의 스포츠 바, 호텔 바에 이르기까지 다양한 종류의 바에서 생맥주를 마시며 경기를 관람하고, 생맥주를 마실 땐 치킨윙이나 피자를 함께 즐겨 먹습니다. 생맥주는 영어로 'beer on tap, draft beer'라고 하는데, 특정 브랜드의 맥주를 생맥주로 마시고 싶을 땐 'XXX(특정 맥주 이름) on tap'이라고 말하면서 주문하면 됩니다.

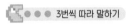 3번씩 따라 말하기

Can I have a Coors Light on tap?

Coors Light를 생맥주로 한 잔 주시겠어요?

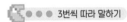 3번씩 따라 말하기

Can I have two Coors Lights on tap?

Coors Light를 생맥주로 두 잔 주시겠어요?

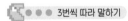 3번씩 따라 말하기

Do you have Coors Light on tap?

Coors Light 생맥주로 있나요?

Expressions

Can I have ~? ~을 구할 수 있을까요?(문맥상 상대방에게 '~을 주시겠어요?'라고 부탁하는 뉘앙스의 말) beer on tap(= draft beer) 생맥주 XXX on tap XXX라는 브랜드의 생맥주

 **Scene 136**

와인을 잔으로 주문할 때

먹는 음식과 분위기에 따라 맥주보다는 와인이 더 어울리는 경우도 많습니다. 실제 미국의 공연장이나 영화관에서는 와인을 '잔(glass)'으로 판매하는 경우가 많고, 따라서 '레드 와인(red wine)'이나 '화이트 와인(white wine)' 등 자신이 원하는 종류의 와인을 선택해 가볍게 잔으로 주문해 즐길 수 있습니다. 참고로 와인을 잔이 아닌 '병(bottle)'으로 주문해서 먹다가 남은 경우엔 남은 와인을 가져갈 수 있는 곳과 가져갈 수 없는 곳이 있고, 또한 뚜껑을 딴 술은 종류에 상관없이 차량 내부에 둬선 안 되니(트렁크는 제외) 이를 참고해 두시기 바랍니다.

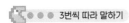 3번씩 따라 말하기

Can I have a glass of wine?

와인 한 잔 주시겠어요?

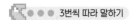 3번씩 따라 말하기

Can I have a glass of red?

레드 와인 한 잔 주시겠어요?

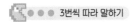 3번씩 따라 말하기

Can I have a glass of white?

화이트 와인 한 잔 주시겠어요?

Expressions

a glass of wine 와인 한 잔 a glass of red 레드 와인 한 잔 a glass of white 화이트 와인 한 잔

원하는 와인을 시도해 보고 싶을 때

와인은 종류도 많고 이름도 어려워 어떤 걸 시도해 보고 싶은지 말하기 까다로울 수 있습니다. 이럴 땐 직원에게 길고 어려운 와인 이름을 말하며 부탁하는 대신 자신이 '레드 와인(red wine)'과 '화이트 와인(white wine)' 중 어떤 종류를 원하는지 결정한 다음 '달콤한(sweet)' 맛과 '쌉쌀한(dry)' 맛 중 어떤 맛을 시도해 보고 싶은지 말해주면 직원이 이에 맞는 와인을 시도해 볼 수 있게끔 추천해 줍니다.

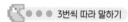 3번씩 따라 말하기

Let me try some sweet white wine.

달콤한 맛이 나는 화이트 와인을 한번 시도해 볼게요.

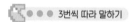 3번씩 따라 말하기

I'm not a regular wine drinker. Can you recommend a good red wine?

전 와인을 즐겨 마시지는 않아서요. 좋은 레드 와인 좀 추천해 주시겠어요?

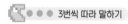 3번씩 따라 말하기

I'd like to try a red wine that's not too dry.

너무 쓰지 않은 레드 와인을 한번 시도해 보고 싶은데요.

Expressions

Let me try ~. ~을 한번 시도해 볼게요. regular wine drinker 정기적으로 와인을 마시는 사람(즉 '와인을 즐겨 마시는 사람'이란 의미) I'd like to try ~. ~을 한번 시도해 보고 싶은데요. dry (와인이 단맛이 느껴지지 않는) 쌉쌀한

Scene 138

🔊 MP3 138

특정 와인을 주문하고 싶을 때

미국 영어의 특징 중 하나가 바로 외국의 도시 이름, 사람 이름, 음식 이름, 술 이름 등의 고유 명사를 미국식 영어로 바꿔서 발음하는 경우가 많다는 것입니다. 따라서 와인을 주문할 때에도 미국 현지인들과 원활한 소통을 위해 외국 와인의 이름을 미국식 영어로 어떻게 발음하는지 알아두는 것이 필요합니다. 예를 들어 'Chardonnay'는 [샬도네이]로, 'Merlot'은 [멀러(우)]로, 'Zinfandel'은 [진팬델]로 발음하는 것과 같이 특정 외국 와인의 이름이 미국식 영어로 어떻게 발음하는지 알아두면 직원과의 소통이 보다 원활해집니다.

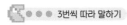 ● ● ● 3번씩 따라 말하기

Can I have a glass of Chardonnay?

Chardonnay 한 잔 주시겠어요?

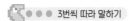 ● ● ● 3번씩 따라 말하기

Can I have a glass of Merlot?

Merlot 한 잔 주시겠어요?

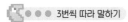 ● ● ● 3번씩 따라 말하기

Can we have two glasses of Zinfandel?

Zinfandel 두 잔 주시겠어요?

Expressions

Can I have ~? ~을 구할 수 있을까요?(문맥상 상대방에게 '~을 주시겠어요?'라고 부탁하는 뉘앙스의 말) a glass of XXX XXX라는 브랜드의 와인 한 잔

Scene 139

🔊 MP3 139

와인의 맛을 물어보고 싶을 때

와인이 가진 맛 중 '쓴맛'에 관해 물어볼 땐 우리가 일반적으로 알고 있는 'bitter'라는 단어가 아닌 'dry(달지 않은, 단맛이 없는)'라는 단어를 써서 물어봐야 합니다. 그리고 와인이 가진 '신맛'에 관해 물어볼 땐 'sour'라는 단어가 아닌 'fruity(과일처럼 신맛이 나는), citrus(귤, 오렌지류의 신맛이 나는)'라는 단어를 써서 물어봐야 합니다. 'sour'라고 하면 '(음식이) 상해서 신맛이 나는'과 같은 의미가 전달될 수 있기 때문이죠. 이처럼 와인의 쓴맛과 신맛을 표현할 땐 음식의 쓴맛과 신맛을 표현할 때와는 다른 단어를 쓰니 주의해야 합니다.

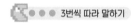 ● ● ● 3번씩 따라 말하기

Which one is drier?

어떤 게 더 쌉쌀한가요(단맛이 덜한가요)?

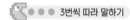 ● ● ● 3번씩 따라 말하기

Which one is the driest?

어떤 게 가장 쌉쌀한 건가요(가장 단맛이 없는 건가요)?

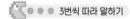 ● ● ● 3번씩 따라 말하기

Which one is sweeter?

어떤 게 더 달콤한가요?

Expressions

Which one is ~? 어떤 게 ～한가요? dry-drier-driest 쌉쌀한-더 쌉쌀한-가장 쌉쌀한 sweet-sweeter-sweetest 달콤한-더 달콤한-가장 달콤한

 MP3 140

와인과 어울리는 치즈를 고를 때

치즈는 와인과 잘 어울리는 사이드 음식으로 널리 알려져 있습니다. 미국인에게 치즈는 마치 한국인에게 김치와 같은 음식으로 볼 수 있는데, 우리가 기본적인 김치 종류를 잘 알고 있듯이 미국인들도 기본적인 치즈 종류를 잘 알고 있습니다. 따라서 마시려는 와인과 잘 어울리는 치즈가 무엇인지 직원에게 물어보면 친절히 잘 설명해줍니다.

 3번씩 따라 말하기

Which cheese goes well with this wine?

어떤 치즈가 이 와인과 잘 맞을까요?

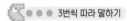 3번씩 따라 말하기

Can you suggest a cheese that goes well with this?

이것과 잘 어울리는 치즈 좀 추천해 주시겠어요?

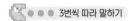 3번씩 따라 말하기

Can you suggest which cheese is good with sweet wine?

어떤 치즈가 달콤한 와인과 잘 어울릴지 추천해 주시겠어요?

Expressions

A goes well with B / A is good with B A와 B가 어울리다 Can you suggest ~?
~을 추천해 주시겠어요?

Review & Practice

01 맥주 피처 하나 주문할 수 있을까요?

_____

02 Budweiser 피처 하나 주시겠어요?

_____

03 더 큰 잔으로는 몇 온스인가요?

_____

04 더 큰 사이즈의 맥주가 있나요?

_____

05 Coors Light를 생맥주로 두 잔 주시겠어요?

_____

06 레드 와인 한 잔 주시겠어요?

_____

07 달콤한 맛이 나는 화이트 와인을 한번 시도해 볼게요.

_____

08 좋은 레드 와인 좀 추천해 주시겠어요?

_____

09 Chardonnay 한 잔 주시겠어요?

_____

10 어떤 게 가장 쌉쌀한 건가요(가장 단맛이 없는 건가요)?

_____

11 이것과 잘 어울리는 치즈 좀 추천해 주시겠어요?

_____

12 어떤 치즈가 달콤한 와인과 잘 어울릴지 추천해 주시겠어요?

_____

정답

01 Can we order a pitcher of beer?
02 Can we have a pitcher of Budweiser?
03 How many ounces are in the bigger glass?
04 Do you have a bigger size of beer?
05 Can I have two Coors Lights on tap?
06 Can I have a glass of red?
07 Let me try some sweet white wine.
08 Can you recommend a good red wine?
09 Can I have a glass of Chardonnay?
10 Which one is the driest?
11 Can you suggest a cheese that goes well with this?
12 Can you suggest which cheese is good with sweet wine?

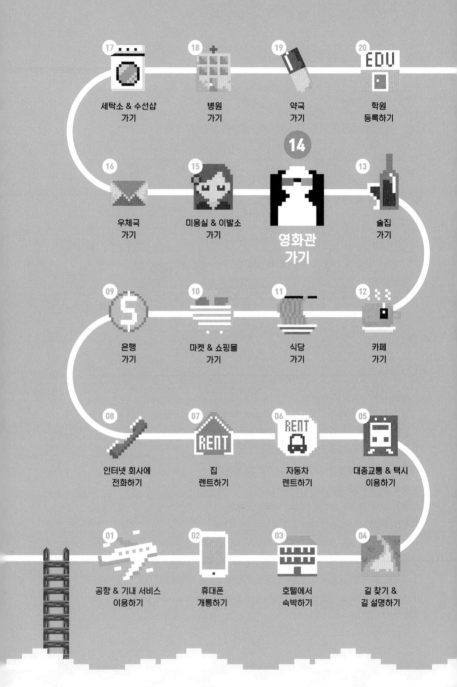

17 세탁소 & 수선샵
가기

18 병원
가기

19 약국
가기

20 학원
등록하기

14

16 우체국
가기

15 미용실 & 이발소
가기

영화관
가기

13 술집
가기

09 은행
가기

10 마켓 & 쇼핑몰
가기

11 식당
가기

12 카페
가기

08 인터넷 회사에
전화하기

07 집
렌트하기

06 자동차
렌트하기

05 대중교통 & 택시
이용하기

01 공항 & 기내 서비스
이용하기

02 휴대폰
개통하기

03 호텔에서
숙박하기

04 길 찾기 &
길 설명하기

Mission 14

영화관 가기

미국 영화관에서의 티켓 발급 방법 및 스낵과 음료의 종류

▶ 예매한 영화 티켓을 받기 위해서는 직원과 대화가 필요해!

미국의 영화관에서는 온라인으로 미리 영화 티켓을 예매했다 할지라도 단순히 티켓을 받는 것만으로 영화를 관람할 수 있는 것이 아닙니다. 온라인으로 예매한 영화 티켓을 받기 위해서는 예약자의 예매 정보(ex: 예매한 영화의 제목 및 상영 시간, 인원수, 예매 경로 등)를 확인받아야 하며, 이 과정을 거쳐 티켓을 받은 뒤엔 관람하고 싶은 좌석을 고르고, 3D로 관람할 것인지 2D로 관람할 것인지 여부를 결정해야 합니다. 때론 관람하고 싶은 상영관의 좌석이 마땅하지 않아 관람 시간을 그다음 상영 시간으로 미루게 되는 경우도 있습니다. 이처럼 영화를 관람하기 위해서는 영화관 직원과 주고받아야 하는 이야기가 많으며, 대화 내용이 언뜻 간단해 보이지만 의외로 말을 하려면 진땀이 나는 경우가 많기도 합니다. 이와 같이 미리 예매한 영화 티켓을 받기 위해선 극장 내부의 키오스크(KIOSK: 무인 종합 정보 안내 시스템)를 이용하지 않는 이상 직원과 직접 대화해야 합니다. 이때 'I booked it online.(저는 온라인으로 티켓을 예매했어요.)' 또는 'I used my cell phone.(저는 (티켓을 예매하기 위해) 휴대폰(앱)을 사용했어요.)'으로만 직원에게 이야기하면 예매와 결제에 대한 구체적인 정보를 전달하지 못해 직원이 말뜻을 이해하지 못할 수 있습니다. 따라서 예매한 영화 티켓을 받기 위해 직원에게 말을 할 땐 예매한 영화의 제목, 상영 시간, 인원수 등 예매 정보를 같이 알려줘야 합니다.

▶ 미국에서 영화를 관람하며 즐길 수 있는 스낵과 음료는?

미국 영화관에서 영화를 관람할 때 즐겨 먹는 스낵으로는 팝콘, 나초, 피자, 그리고 프레즐이 있습니다. 음료는 영화관의 규정마다 차이가 있기는 하지만 영화관 내부에 작은 바(Bar)가 있어서 생맥주를 비롯해 와인이나 칵테일 등의 주류를 사서 상영관에 갖고 들어가 관람하면서 마실 수 있습니다. 경우에 따라서는 주류 구매 확인 팔찌를 손목에 끼워주기도 합니다. 참고로 갖고 들어간 잔은 상영관 내부에 두고 나와도 괜찮습니다. 덧붙여 대부분의 영화관 규정상 외부 스낵과 뜨거운 음료의 반입을 금지하고 있고, 대도시에 있는 영화관의 경우 보안 절차상 상영관에 출입하기 전 가방 검사를 하는 경우도 있으니 참고해 두세요.

온라인으로 예매한 티켓을 찾을 때

직원에게 예매한 영화 제목 및 상영 시간, 인원수, 그리고 예매한 경로를 알려주면 직원이 이를 확인한 뒤 티켓을 발급해 줍니다. 그리고 직원이 'What did you use to pay for the tickets?(어떤 걸로 티켓을 구매하셨나요?)' 혹은 'How did you pay?(어떻게 결제하셨나요?)'와 같이 질문하면, 티켓 구매(결제) 시 자신이 사용한 수단(ex: 결제 시 사용한 카드나 쿠폰, 결제 시 사용한 앱)을 알려주면 됩니다.

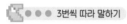 3번씩 따라 말하기

Hi, I made a reservation for two adults.

안녕하세요, 성인 2명으로 예매했는데요.

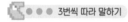 3번씩 따라 말하기

Hi, we reserved two adults and two kids for Minions at 10:30.

안녕하세요, Minions 10시 반 걸로 성인 2명, 어린이 2명을 예매했는데요.

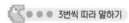 3번씩 따라 말하기

I used Movie Pass to buy a ticket.

Movie Pass(표를 예매할 수 있는 앱의 한 종류)로 티켓을 구매했어요.

Expressions

make a reservation for ~ adult(s)/kid(s) 성인/어린이 ~명을 예약하다 reserve ~ adult(s)/kid(s) for A at 시각 A라는 영화를 ~시 걸로 성인/어린이 ~명을 예약하다 buy a ticket 티켓을 구매하다(사다)

 **Scene 142**

🔊 **MP3** 142

영화 시간 및 티켓 가격을 물어볼 때

'matinee(마티네)'는 본래 '연극, 영화 등의 주간 공연 및 상연'을 뜻하는 용어로서 '아침'이라는 뜻의 프랑스어 'matin'에서 유래된 것인데, 이것이 현재 영어에서는 '조조할인 영화', 혹은 조조할인 영화를 넘어 '할인이 적용되는 오전/오후 시간대에 상연되는 영화나 쇼' 등을 의미하게 되었습니다. 미국에서의 영화 관람 비용은 평균 $9에서부터 주말 요금 $13~$15에 이르기까지 비교적 가격이 비싼 편인데, 이보다 저렴한 비용으로 보다 조용하게 영화를 관람할 수 있는 'matinee(마티네)'를 활용하는 것도 좋은 방법이라 할 수 있습니다.

 3번씩 따라 말하기

What time is the matinee movie?

조조할인 영화 시간이 몇 시인가요?

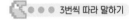 3번씩 따라 말하기

How much is it for two adults?

성인 2명은 얼마인가요?

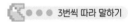 3번씩 따라 말하기

How much is it for two adults and two kids?

성인 2명과 어린이 2명은 얼마인가요?

Expressions

How much is it for ~? ~(에 대한 비용)은 얼마인가요?

상영 여부와 상영 시간대를 물어볼 때

미국의 영화관은 온라인으로 미리 예매했다 할지라도 좌석은 직접 극장에 가서 선택해야 하므로 막상 극장에 도착했을 때 좋은 좌석이 다 매진되어 없을 수도 있고, 또는 온라인으로 영화의 상영 여부를 미리 확인하고 극장에 갔다 하더라도 영화가 제한적으로 상영되는 바람에 상영 시간대가 애매하게 되어 버리는 경우도 있습니다. 따라서 티켓을 판매하는 사람 및 극장 관계자에게 아래와 같이 영화의 상영 여부 및 상영 시간대를 물어보면서 원할 경우 다른 시간대로 변경해달라고 요청하면 관계자의 재량에 따라 변경해주기도 합니다.

 3번씩 따라 말하기

Aren't you showing Trolls yet?

Trolls는 아직 상영 안 하나요?

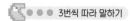 3번씩 따라 말하기

Has Pets been released yet?

Pets는 아직 개봉 안 했나요?

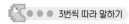 3번씩 따라 말하기

Do you have any other showings before/after 7:30?

7시30분 전/후에 상영하는 것은 없나요?

Expressions

show 상영하다 yet 아직 be released 개봉되다 showing (영화) 상영

 **Scene 144**

극장에서 직접 티켓을 구매할 때

극장에서 직접 티켓을 구매할 경우, 직원은 자신이 굳이 질문하지 않아도 관객이 먼저 티켓 구매에 필요한 정보를 말해줄 것으로 기대합니다. 따라서 직원이 먼저 질문하지 않아도 자신이 관람하고자 하는 영화 제목 및 관람 인원수 등을 아래와 같이 직원에게 알려주면 됩니다.

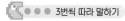 3번씩 따라 말하기

Can I have two adults for Transformers in 3D?

3D로 상영되는 Transformer로 성인 2장을 주시겠어요?

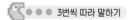 3번씩 따라 말하기

Can I get two adults for the 7:30 showing of King?

7시 반에 상영하는 King으로 성인 2장을 주시겠어요?

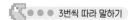 3번씩 따라 말하기

Can I get two adults and two kids for the 7:30 showing of Trolls in 3D?

7시 반에 3D로 상영되는 Trolls로 성인 2장, 어린이 2장을 주시겠어요?

Expressions

Can I get ~ adult(s)/kid(s) for the 시각 showing of A? ~시에 상영하는 A라는 영화로 성인/어린이 (티켓) ~장을 주시겠어요?

Review & Practice

01 안녕하세요, 성인 2명으로 예매했는데요.

_____

02 안녕하세요, Minions 10시 반 걸로 성인 2명, 어린이 2명을 예매했는데요.

_____

03 Movie Pass(표를 예매할 수 있는 앱의 한 종류)로 티켓을 구매했어요.

_____

04 조조할인 영화 시간이 몇 시인가요?

_____

05 성인 2명은 얼마인가요?

_____

06 성인 2명과 어린이 2명은 얼마인가요?

_____

07 Trolls는 아직 상영 안 하나요?

_____

08 Pets는 아직 개봉 안 했나요?

_____

09 7시 30분 전에 상영하는 것은 없나요?

_____

10 3D로 상영되는 Transformer로 성인 2장을 주시겠어요?

_____

11 7시 반에 상영하는 King으로 성인 2장을 주시겠어요?

_____

12 7시 반에 3D로 상영되는 Trolls로 성인 2장, 어린이 2장을 주시겠어요?

_____

정답

---

01 Hi, I made a reservation for two adults.

02 Hi, we reserved two adults and two kids for Minions at 10:30.

03 I used Movie Pass to buy a ticket.

04 What time is the matinee movie?

05 How much is it for two adults?

06 How much is it for two adults and two kids?

07 Aren't you showing Trolls yet?

08 Has Pets been released yet?

09 Do you have any other showings before 7:30?

10 Can I have two adults for Transformers in 3D?

11 Can I get two adults for the 7:30 showing of King?

12 Can I get two adults and two kids for the 7:30 showing of Trolls in 3D?

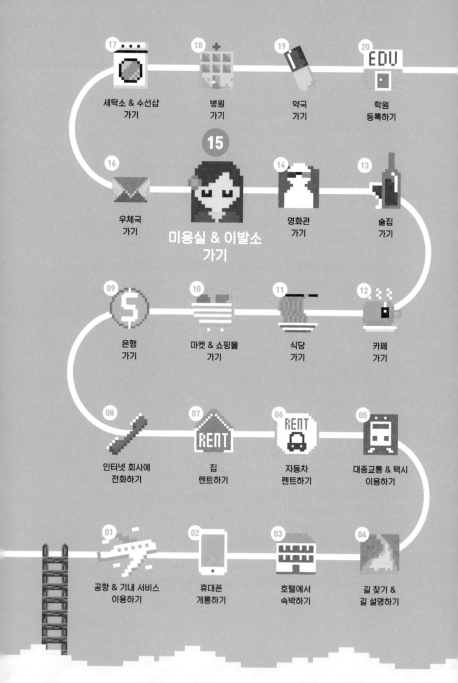

17 세탁소 & 수선샵 가기

18 병원 가기

19 약국 가기

20 학원 등록하기

16 우체국 가기

15 미용실 & 이발소 가기

14 영화관 가기

13 술집 가기

09 은행 가기

10 마켓 & 쇼핑몰 가기

11 식당 가기

12 카페 가기

08 인터넷 회사에 전화하기

07 집 렌트하기

06 자동차 렌트하기

05 대중교통 & 택시 이용하기

01 공항 & 기내 서비스 이용하기

02 휴대폰 개통하기

03 호텔에서 숙박하기

04 길 찾기 & 길 설명하기

Mission 15

미용실 & 이발소 가기

서비스에 따른
팁 문화,
얼마가 적당할까?

▶ 미국에서 팁 문화란?

미국에서는 다른 나라에 비해 팁을 제공하는 일을 더 자주 볼 수 있는데요. 한국에서는 팁 문화가 없기 때문에 팁을 왜 지불해야 하는지 그리고 어떤 상황에서 얼마를 지불해야 하는지에 대해 궁금한 점이 많습니다. 팁(TIP)은 'To Insure Promptness'의 줄임말로 '신속한 서비스 보장 및 빠른 서비스를 보장받기 위해 서비스를 해주는 사람에게 베푸는 고객의 호의'를 뜻하는 것으로 '서비스 비용'으로 정의됩니다.

최저 임금만을 보장받는 호텔이나 레스토랑 등에 종사하는 종업원들은 수입의 상당 부분을 팁에 의존하기 때문에 팁은 임금의 한 부분으로 여겨지기도 합니다. 그리고 미국 주정부와 연방정부는 소득 창출 행위에 따른 어떠한 수입이라도 그에 대한 세금을 부과하기 때문에 급여 외 팁을 받았다면 세금 보고를 해야 합니다. 또한 미국에서는 어떤 일이든지 사람 손이 닿는 직종의 서비스를 받으면 고객이 지불해야 하는 기본 비용뿐만 아니라 그에 적합한 팁을 별도로 지불해야 한다는 사회적 관념이 강한 편입니다.

▶ 팁 금액으로는 얼마가 적당할까?

사실 팁 금액에 대한 법적인 제한이나 정해진 규정은 없으며, 보통 받은 서비스에 대한 고객의 만족도에 따라 그 액수가 달라질 수 있습니다. 일반적으로 팁은 서비스 금액의 최소 10%, 또는 평균 15~20%에 해당하는 금액을 지불하는데 최상의 서비스를 받았을 경우엔 서비스 금액의 25% 이상을 지불하기도 합니다. 반대로 서비스가 불쾌할 정도로 형편이 없었다면 팁을 전혀 주지않기도 하는데, 식당의 경우 불쾌함을 표시하기 위해 1센트짜리 동전(one penny)을 놓고 갈 때도 있습니다. 호텔, 레스토랑뿐만 아니라 미용실에서 서비스를 받을 때도 역시 팁을 지불하는데요. 미용실을 가게 된다면 예약할 당시에 자신이 받는 미용 서비스의 가격을 확인한 후 평균에 상당하는 금액의 팁을 미리 지폐로 준비해가는 방법이 좋습니다. 참고로 얼마의 팁을 지불해야 하는지에 대해선 헤어 스타일리스트에게 직접 질문하지 않습니다. 덧붙여 카드로 계산할 경우 팁을 포함해 결제할 수도 있지만, 대개의 경우 팁을 해당 헤어 스타일리스트에게 감사의 인사(Thank you)를 하면서 현금으로 직접 지불합니다.

미용실에 예약 전화를 걸 때

미용실에 예약 전화를 걸 땐 아래와 같이 예약을 잡고자 하는 날짜와 시간 및 어떤 머리 손질을 원하는지 말해주면 됩니다. 큰 미용실의 경우 미용실의 회원인지, 찾고 있는 헤어 스타일리스트가 있는지, 혹은 헤어 스타일리스트를 추천받고 싶은지 등을 물어볼 수 있습니다.

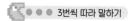 ● ● ● 3번씩 따라 말하기

Hi, I am calling to make an appointment for tomorrow.

안녕하세요, 내일 예약을 잡고 싶어서 전화했어요.

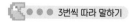 ● ● ● 3번씩 따라 말하기

Hi, I am calling to make an appointment for Saturday morning.

안녕하세요, 토요일 오전에 예약을 잡고 싶어서 전화했어요.

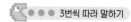 ● ● ● 3번씩 따라 말하기

Hi, I'm calling because I want to book for a perm.

안녕하세요, 파마를 예약하고 싶어서 전화했어요.

Expressions

I'm calling to V. ~하려고(하고 싶어서) 전화했어요. make an appointment 예약하다 book for ~ ~(라는 머리 손질)을 하려고 예약하다

 **Scene 146**

🔊 **MP3 146**

어떤 머리 손질을 하러 왔는지 말할 때

대개의 경우 미용실은 예약하고 방문하는 것이 필수지만, 'Welcome Walk-ins(예약하지 않고 바로 방문하는 고객 환영)'라는 간판이 걸려 있는 미용실은 예약 없이 방문 가능합니다. 이처럼 예약하지 않고 미용실에 가게 되면 직원이 어떤 머리 손질을 하러 왔는지 질문하게 되는데, 질문을 받으면 'I'm here to V.(~하러 여기에 왔어요.)'라는 표현을 사용하여 'haircut(머리 자르기), perm(파마), trim(머리 다듬기)' 등 자신이 어떤 머리 손질을 하러 이곳에 왔는지 말해주면 됩니다.

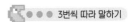 ●●● 3번씩 따라 말하기

I am here to get a haircut and a perm.

머리를 자르고 파마를 하려고 왔어요.

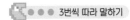 ●●● 3번씩 따라 말하기

I'm here to get a trim and a perm.

머리를 좀 다듬고 파마를 하려고 왔어요.

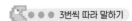 ●●● 3번씩 따라 말하기

I am here to get my hair colored.

머리를 염색하려고 왔어요.

Expressions

I am here to V. ~하려고 여기에 왔어요.(이를 좀 더 간단히 해석하면 '~하려고 왔어요. / ~하려고요.'로 해석 가능) get a haircut 머리를 자르다 get a perm 파마하다 get a trim 머리를 다듬다 get one's hair colored ~의 머리를 염색하다

 **Scene 147**

어떤 파마를 원하는지 말할 때

파마를 하러 미용실에 와서 어떤 스타일의 파마를 원하는지 말할 때 '너무 굵지 않으면서 너무 꼬불거리지 않게' 혹은 '알아서 적당히 내 얼굴에 맞게'와 같이 너무 애매하게 말하면 직원이 요구 사항을 파악하는데 혼란만 가중될 수 있습니다. 따라서 직원에게 자신이 원하는 파마 스타일을 말할 땐 'straight perm(스트레이트 파마), wavy perm(웨이브 파마), tight curly perm(아주 곱슬곱슬한 파마)'과 같이 파마 스타일이 정확히 묘사될 수 있는 말로 이야기하는 것이 좋습니다.

 3번씩 따라 말하기

I want to get a straight perm.

스트레이트 파마를 하고 싶어요.

 3번씩 따라 말하기

I want to get a wavy perm.

웨이브 파마를 하고 싶어요.

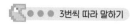 3번씩 따라 말하기

I want to get a tight curly perm.

아주 곱슬곱슬하게 말린 파마를 하고 싶어요.

Expressions

I want to get a(an) ~ perm. ~한 파마를 하고 싶어요. straight perm 스트레이트 파마 wavy perm 웨이브 파마 tight curly perm 꼬불꼬불한(아주 곱슬곱슬한) 파마 (↔ loose perm 컬이 굵은 파마)

머리를 다듬어 달라고 할 때

한국에서는 머리를 다듬는 것 또한 머리를 자르는 행위에 포함된다고 생각하지만, 미국에서는 '머리를 다듬는 것(trim)'과 '머리를 자르는 것(cut)'을 구분하여 생각합니다. '머리를 다듬는 것(trim)'은 머리카락 끝을 잘라내는 행위로서 전체적으로 '머리를 자르는 것(cut)'과는 별개라 여기기 때문이지요. 따라서 '머리를 층지게 다듬어 주세요'라는 한국말을 영어로 정확히 옮겨 말하자면, '머리카락 끝을 잘라 다듬은(give me a trim)' 후에 '머리카락에 층을 내어 잘라 달라(give me a cut with layers)'는 식으로 말해야 합니다.

 ● ● ● 3번씩 따라 말하기

Can you give me a trim?

머리를 좀 다듬어 주시겠어요?

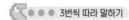 ● ● ● 3번씩 따라 말하기

I have split ends. Can you give me a trim?

제가 머리카락 끝이 다 갈라져서요. 머리를 좀 다듬어 주시겠어요?

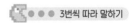 ● ● ● 3번씩 따라 말하기

Can you give me a trim and a cut with layers?

머리를 다듬고 층을 내 주시겠어요?

Expressions

---

give ~ a trim ~의 머리를 다듬다 split end 끝이 갈라진 머리카락 cut with layers (머리에) 층을 내어 자르기

원하는 머리 길이를 설명할 때

머리를 얼마만큼 자르고 싶은지 헤어 스타일리스트에게 설명할 땐 어깨(shoulders), 턱(chin), 귀(ears) 등의 신체 부위를 기준점으로 삼아 '어깨까지, 어깨 위에 오게끔, 턱 아래로 오게끔'과 같이 구체적으로 설명해야 헤어 스타일리스트가 요구 사항을 정확히 이해할 수 있습니다. 그리고 이처럼 요구할 땐 'Can you cut my hair to ～?(머리를 ～까지 오게 잘라 주시겠어요?), I want it(my hair) above/below ～.(머리를 ～위/아래에 오도록 잘랐으면 좋겠어요.)'와 같은 표현을 써서 이야기 하면 됩니다.

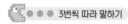
● ● ● 3번씩 따라 말하기

Can you cut my hair up to my shoulders?

머리를 어깨까지 오게 잘라 주시겠어요?

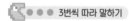
● ● ● 3번씩 따라 말하기

I want it above my shoulders.

머리를 어깨 위에 오도록 잘랐으면 좋겠어요.

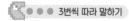
● ● ● 3번씩 따라 말하기

I want it below my chin.

머리를 제 턱 아래에 오도록 잘랐으면 좋겠어요.

Expressions

cut one's hair (up) to ～ ～까지 오게 머리를 자르다 shoulder 어깨 above ～ ～위에 below ～ ～아래에 chin 턱

원하는 머리 스타일을 설명할 때

머리를 자를 땐 단발머리, 쇼트커트 등 다양한 스타일을 생각할 수 있습니다. 참고로 '쇼트커트'는 우리가 많이 사용하고 있는 용어라 이것이 영어에서도 그대로 사용될 것이라 착각하기 쉬운데, 미국 현지에서는 통하지 않는 용어입니다. 그리고 짧은 머리 스타일로 머리를 자르고 싶다면, 직원에게 먼저 '머리를 짧게 하고 싶다'고 말한 뒤 'bob cut(단발머리), pixy cut(끝이 뾰족한 쇼트커트)'과 같이 구체적인 스타일을 이야기하면 됩니다. 혹 원하는 머리 스타일의 이름을 잘 모를 경우엔 해당 머리 스타일의 사진을 직접 보여주며 설명해도 됩니다.

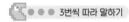 3번씩 따라 말하기

I don't want my hair long. I want it short.

제가 긴 머리를 싫어해서요. 머리를 짧게 했으면 좋겠어요.

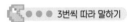 3번씩 따라 말하기

I want a bob cut.

단발머리로 잘랐으면 좋겠어요.

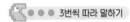 3번씩 따라 말하기

I want a pixie cut.

끝이 뾰족한 쇼트커트로 잘랐으면 좋겠어요.

Expressions

I want a(an) ~ cut. 전 ~(한 스타일)로 잘랐으면 좋겠어요. bob cut 단발머리 pixie cut 끝이 뾰족한 쇼트커트

앞머리를 잘라 달라고 할 때

앞머리를 자르고 싶을 땐 헤어 스타일리스트에게 원하는 머리 스타일을 설명하면서 앞머리도 자르고 싶다고 함께 알려주는 것이 좋습니다. 원하는 앞머리의 길이를 설명할 땐 눈(eyes)이나 눈썹(eyebrows)을 기준으로 '눈 위로/눈썹에 닿게/눈썹 위로 (선이 떨어지게)'와 같이 구체적으로 설명하면 좋습니다. 참고로 미국 성인 여성들의 경우 앞머리를 하는 경우가 그리 많지 않으니 미용실에 앞머리를 잘 자르는 헤어 스타일리스트가 있는지 먼저 확인해 보는 것도 좋습니다.

 3번씩 따라 말하기

Can you give me bangs?

앞머리를 잘라 주시겠어요?

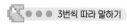 3번씩 따라 말하기

I want to have long bangs.

앞머리가 길었으면 좋겠어요.

 3번씩 따라 말하기

Can you make the bangs fall above my eye brows?

앞머리를 제 눈썹 위로 (선이 떨어지게) 잘라 주시겠어요?

Expressions

bangs 앞머리 I want to have ~ bangs. ~한 앞머리를 갖고 싶어요.(= 앞머리가 ~ 했으면 좋겠어요.) above one's eyebrows ~의 눈썹 위로

염색해 달라고 할 때

헤어 스타일리스트에게 염색해 달라고 요청할 땐 자신이 원하는 색깔을 바로 알려줄 수도 있고, 혹은 자신의 원래 머리 색깔이 무엇인지 말하면서 이를 어떤 색깔로 염색해서 바꾸고 싶은지 말할 수도 있습니다. 참고로 미국에서는 한인이 운영하는 미용실이 아닌 이상 한국에서와 같이 '부분 염색, 새치 염색, 뿌리 염색' 같은 서비스는 제공되지 않고 전체 염색 서비스만 제공됩니다. 그리고 헤어 스타일리스트에게 염색해 달라고 요청할 땐 '머리를 염색하다'라는 뜻을 가진 'color one's hair, get one's hair colored/dyed'와 같은 표현을 써서 요청하면 됩니다.

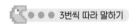 ● ● ● 3번씩 따라 말하기

Can you color my hair?

머리를 염색해 주시겠어요?

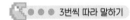 ● ● ● 3번씩 따라 말하기

I want to get my hair colored.

머리를 염색하고 싶어요.

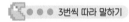 ● ● ● 3번씩 따라 말하기

I want to get my hair dyed.

머리를 염색하고 싶어요.

Expressions

---

color one's hair ~의 머리를 물들이다(염색하다)　get one's hair colored/dyed ~의 머리를 염색하다

머리색을 바꿔 달라고 할 때

자신의 머리색을 원래 머리색과 큰 차이가 없는 색으로 바꾸고 싶을 땐 동사 'change(바꾸다)'를 써서 'I want to change my hair to ~.(제 머리를 ~색으로 바꾸고 싶어요.)'라고 말해야 합니다. 만약 '밝은 톤'의 갈색 머리를 '어두운 톤'의 갈색 머리로 바꾸고 싶은데 'change'가 아닌 '염색하다'라는 뜻의 'color'라는 단어를 써서 'My hair is brown and I want to color my hair brown.(제 머리가 갈색인데 제 머리를 갈색으로 염색하고 싶어요.)'으로 말하면 정확한 의사 전달이 안 될 것입니다. 그러니 이 같은 경우엔 'change'를 써서 이야기하는 것이 좋습니다.

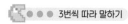 3번씩 따라 말하기

I want to dye my hair brown.

머리를 갈색으로 염색하고 싶어요.

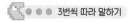 3번씩 따라 말하기

I want to change my hair to brown.

머리를 갈색으로 바꾸고 싶어요.

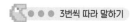 3번씩 따라 말하기

I want to change my hair to black.

머리를 검은색으로 바꾸고 싶어요.

Expressions

dye one's hair 특정 색깔 ~의 머리를 ~색으로 염색하다 change one's hair to 특정 색깔 ~의 머리를 ~색으로 바꾸다

머리 스타일링을 해달라고 할 때

한국 미용실에서 쓰는 '드라이를 하다'라는 표현은 '① 젖은 머리를 말리다, ② 머리 스타일링을 해주다'의 두 가지 뜻이 있습니다. 반면 미국에서는 이 두 가지를 구분해서 표현하며, 미국 미용실에 가서 한국식표현을 그대로 적용해 'Can you dry?'라고 말하면 직원이 말뜻을 제대로 이해하지 못해 당황하게 될 수 있습니다. 따라서 젖은 머리를 말려 달라고 할 땐 'blow dry(머리를 드라이하다)', 그리고 머리 스타일링을 잡아 달라고 요청할 땐 'style(머리의 스타일을 잡다/디자인하다)'과 같은 표현으로 구분하여 요청해야 합니다.

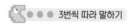 3번씩 따라 말하기

Can you style it?

머리 스타일을 잡아 주시겠어요?

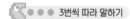 3번씩 따라 말하기

Can you use the curling iron?

컬용 고데기를 써 주시겠어요?(= 고데기로 머리를 말아 주시겠어요?)

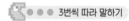 3번씩 따라 말하기

Can you flat iron it?

고데기로 머리를 펴 주시겠어요?

Expressions

---

style (옷, 머리 등의) 스타일을 만들다 use the curling iron (머리를 마는) 컬용 고데기를 사용하다 flat iron (머리를 펴는) 판 고데기, 고데기로 (머리를) 펴다

가르마를 타 달라고 할 때

한국 미용실에서는 헤어 스타일리스트가 고객에게 가르마를 어느 쪽으로 타는지 묻거나, 혹은 고객이 먼저 헤어 스타일리스트에게 특정 방향으로 가르마를 타 달라고 요청합니다. 이 같은 모습은 미국 미용실에서는 잘 볼 수 없는 모습이지만, 고객이 요청할 경우 기꺼이 가르마를 타 줍니다. 가르마를 타 달라고 할 땐 'part(가르마를 타다)'라는 표현을 써서 'part my hair on the right side(가르마를 오른쪽으로 타 달라), part my hair on the left(가르마를 왼쪽으로 타 달라), part my hair in the middle(가르마를 가운데로 타 달라)'과 같이 요청하면 됩니다.

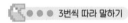 ● ● ● 3번씩 따라 말하기

This is my natural part.

이건 원래 제 가르마예요.

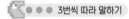 ● ● ● 3번씩 따라 말하기

Can you part my hair on the right side?

가르마를 오른쪽으로 타 주시겠어요?

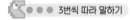 ● ● ● 3번씩 따라 말하기

Can you part my hair on the left?

가르마를 왼쪽으로 타 주시겠어요?

Expressions

natural 원래의, 본연의 part 가르마, 가르마를 타다 part one's hair on the right side/on the left/in the middle 가르마를 오른쪽/왼쪽/가운데로 타다

 **Scene 156**

짧은 남자 머리를 다듬어 달라고 할 때

아직 대다수의 미국 남성들은 머리를 다듬고 수염을 정리하기 위해 '이발소(barber shop)'에 갑니다. 특히 수염을 기르는 것이 멋지고 남자답다고 생각하는 경향이 있어 구레나룻과 같은 수염을 기르고 관리하기 위해 이발소에 갑니다. 그리고 이발소에서는 보통 짧은 머리를 다듬게 되기 때문에 'trim(다듬다)'과 같은 표현을 주로 쓰게 됩니다.

 3번씩 따라 말하기

Can you just trim the sides?

양쪽 옆만 다듬어 주시겠어요?

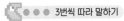 3번씩 따라 말하기

Can you just trim the sides and take a little off the top?

양쪽 옆만 다듬고, 위쪽은 조금만 잘라 주시겠어요?

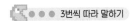 3번씩 따라 말하기

I want to keep the same hairstyle. Can you just trim the sides down?

지금 머리 스타일을 유지하고 싶고요. 양쪽 옆만 짧게 다듬어 주시겠어요?

Expressions

trim the sides 양 옆을 다듬다 take off (머리를) 깎다/자르다. (신체 부위 등을) 절단하다 keep the same hairstyle 동일한 머리 스타일을 유지하다

Review & Practice

01 안녕하세요. 토요일 오전에 예약을 잡고 싶어서 전화했어요.

_____

02 머리를 자르고 파마를 하려고 왔어요.

_____

03 스트레이트 파마를 하고 싶어요.

_____

04 제가 머리카락 끝이 다 갈라져서요. 머리를 좀 다듬어 주시겠어요?

_____

05 머리를 어깨까지 오게 잘라 주시겠어요?

_____

06 제가 긴 머리를 싫어해서요. 머리를 짧게 했으면 좋겠어요.

_____

07 앞머리를 제 눈썹 위로 (선이 떨어지게) 잘라 주시겠어요?

_____

08 머리를 염색하고 싶어요.

_____

09 머리를 갈색으로 바꾸고 싶어요.

_____

10 머리 스타일을 잡아 주시겠어요?

_____

11 가르마를 오른쪽으로 타 주시겠어요?

_____

12 양쪽 옆만 다듬고, 위쪽은 조금만 잘라 주시겠어요?

_____

— 정답 —

01 Hi, I am calling to make an appointment for Saturday morning.
02 I am here to get a haircut and a perm.
03 I want to get a straight perm.
04 I have split ends. Can you give me a trim?
05 Can you cut my hair up to my shoulders?
06 I don't want my hair long. I want it short.
07 Can you make the bangs fall above my eyebrows?
08 I want to get my hair colored/dyed.
09 I want to change my hair to brown.
10 Can you style it?
11 Can you part my hair on the right side?
12 Can you just trim the sides and take a little off the top?

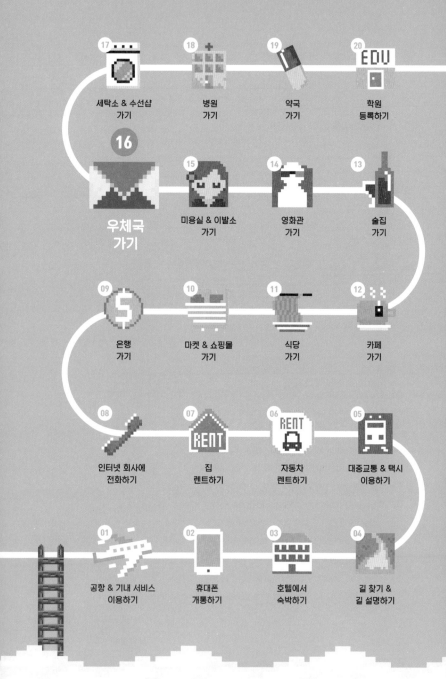

17 세탁소 & 수선샵
가기

18 병원
가기

19 약국
가기

20 학원
등록하기

16 우체국
가기

15 미용실 & 이발소
가기

14 영화관
가기

13 술집
가기

09 은행
가기

10 마켓 & 쇼핑몰
가기

11 식당
가기

12 카페
가기

08 인터넷 회사에
전화하기

07 집
렌트하기

06 자동차
렌트하기

05 대중교통 & 택시
이용하기

01 공항 & 기내 서비스
이용하기

02 휴대폰
개통하기

03 호텔에서
숙박하기

04 길 찾기 &
길 설명하기

우체국 가기

문화
엿보기

미국 우체국 배송의 특징과 flat rate & pink slip

▶ 미국 우체국에서 발송되는 우편의 종류는?

미국에서 우편물을 보내는 방법엔 Regular Mail(일반 우편) 외에 Priority Mail Express(특급 우편), Express Mail(속달 우편), Priority Mail(빠른 우편), Certified Mail(등기 우편) 등이 있습니다. 이중 Priority Mail은 추적 번호를 부여받기 때문에 우편물 추적이 가능하고 Certified Mail은 우편물의 추적과 수취인 확인이 가능하기 때문에 중요한 서류를 보낼 때 많이 사용합니다.

▶ 배송물 분실 사고를 대비해 배송 보험을 고려해보자!

미국에서는 추적 번호가 있어도 우편물의 분실 사고가 비교적 잦은 편이고 심지어 우편물을 찾지 못하는 경우가 발생하기도 합니다. 이런 때를 대비하여 중요한 우편물을 배송할 때에는 보험을 구매하는 것이 좋습니다. 배송 보험은 발송되는 우편물의 종류에 따라 상이한데, 우편물에 보험이 포함된 경우도 있고 혹은 따로 보험을 구매해야 하는 경우도 있습니다. 그리고 배송 보험과 관련해 우체국 직원이 발송인에게 먼저 설명하고 권하는 일이 많지 않기 때문에 발송인이 직접 직원에게 묻고 확인해보는 것이 좋습니다.

▶ 미국 배송의 특징: flat rate & pink slip

미국 우체국에 가면 우편 배송 방법에 따라 종류별로 우편 봉투들이 비치되어 있습니다. 이 중에서 flat rate(고정 요금)로 적힌 봉투는 내용물의 무게와 배송 거리에 상관없이 정해진 금액만 지불하면 됩니다. 그리고 소포를 배송할 때 배송지에 수취인이 부재중일 경우 배달원은 pink slip(통지서)을 우체통에 두고 갑니다. 이 통지서에는 배송 일시와 수취인의 부재를 알리는 통보가 적혀져 있고, 수령하지 못한 소포를 찾는 방법을 표시하는 선택란이 있습니다. 소포를 찾는 방법으로는 배달원의 2차 배송, 그리고 우체국 방문 수령, 이렇게 두 가지가 있는데요. 우선 배달원의 2차 배송을 원할 경우에는 통지서의 해당란에 이를 원한다고 표시하여 그 통지서를 우체통에 다시 넣어두면 됩니다. 그렇지 않은 경우에는 수취인이 직접 우체국을 방문하여 소포를 수령하면 되는데, 방문 시 신분증과 함께 pink slip(통지서)을 지참해야 하는 것을 잊지 말아야 합니다.

우편물을 해외로 보낼 때

우편물을 미국에서 한국으로 부칠 경우, '한국'이라는 나라 이름을 영어로 말할 땐 반드시 한국을 'Korea'가 아닌 'South Korea' 혹은 'Republic of Korea'라고 말해야 합니다. 한국을 'Korea'라고만 말하게 되면 우체국 직원은 이것이 'South Korea(남한/대한민국)'를 말하는 건지 'North Korea(북한)'를 말하는 건지 확인 질문을 합니다. 덧붙여 직원이 먼저 배송 보험에 관해 설명하고 이를 구매할지 여부를 묻는 경우는 잘 없으니 중요한 문서나 소포를 보낼 땐 직원에게 배송 보험에 관해 묻고 확인하는 것이 좋습니다.

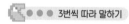

I'm sending it to South Korea.

그거 한국으로 보낼 거예요.

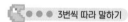

I'd like to send this to South Korea.

이걸 한국으로 보내고 싶어요.

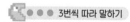

I want to send this package to Korea.

이 소포를 한국으로 보냈으면 합니다.

Expressions

send A to B A를 B로 보내다 I'd like to V. / I want to V. ~하고 싶어요, ~했으면 합니다. package 소포

 **Scene 158** **MP3** 158

배송 기간과 도착 예정일을 물어볼 때

우체국 직원이 배송 기간이나 도착 예정일을 먼저 설명해주는 경우는 드뭅니다. 하지만 중요한 우편물에 대해서는 이것이 언제 발송되고 언제 도착할지 여부를 묻고 확인할 수 있습니다. 참고로 발송 기록과 수취 확인이 필요한 우편물(ex: 관공서나 학교와 같은 기관에 보내는 문서)을 보낼 땐 '등기 우편(Certified Mail)'을 많이 이용합니다.

 3번씩 따라 말하기

How long does Priority Mail Express take?

특급 우편(우선 취급 우편)은 얼마나 걸리나요?

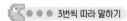 3번씩 따라 말하기

If it goes out today, when will it arrive in Korea?

그게 오늘 발송되면 한국엔 언제 도착하나요?

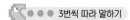 3번씩 따라 말하기

If I'm sending it to Korea today, when will it arrive in Korea?

그걸 오늘 한국에 보내면 한국엔 언제 도착하나요?

Expressions

How long does ~ take? ~은 (기간이) 얼마나 걸리나요? Priority Mail Express 특급 우편. 우선 취급 우편 go out (우편물이) 발송되다 arrive 도착하다

Scene 159 MP3 159

배송 비용에 관해 물어볼 때

미국 우체국 역시 우편물의 무게를 측정해서 보내는 경우와 해외로 우편물을 보내는 경우 배송 비용이 얼마인지 묻고 최대한 저렴하게 보낼 수 있는 방법에 대해 문의할 수 있습니다. 참고로 미국 우체국에는 우편 종류별로 봉투가 비치되어 있어 이를 이용할 수 있는데, 봉투값은 무료이며 배송비만 지불하면 됩니다. 물론 자신이 따로 마련한 봉투에 우표를 붙여 우편물을 보내도 됩니다. 그리고 답장을 받길 원하는 우편물을 보낼 땐 답장을 넣을 수 있는 봉투를 동봉해 보내기도 합니다.

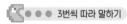 3번씩 따라 말하기

How much does it cost to send Certified Mail?

등기 우편으로 보내는 건 가격이 얼마인가요?

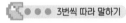 3번씩 따라 말하기

Is there a cheaper way to send this?

이걸 좀 더 싸게 보낼 수 있는 방법이 있나요?

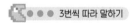 3번씩 따라 말하기

What's the cheapest way to send this?

이걸 가장 싸게 보낼 수 있는 방법은 뭔가요?

Expressions

How much does it cost to V? ~하는 건 가격이 얼마인가요? Certified Mail 등기 우편 cheap-cheaper-cheapest 싼-더 싼-가장 싼 way 방법

 **Scene 160** 🔊 **MP3 160**

포장지가 있는지 물어볼 때

UPS나 FEDEX와 같은 개인 운송 회사와는 다르게 미국 우체국에서는 직원이 물건 포장이나 운반을 도와주지 않습니다. 따라서 'bubble wrap(버블랩, 일명 '뽁뽁이')'과 같이 물품을 포장할 수 있는 포장지가 우체국 내 카운터에 비치되어 있을 경우 이를 '롤(roll) 단위'로 구매해 사용하는 것이 가능하긴 한데, 포장지를 자르고 붙일 수 있는 가위나 테이프는 비치되어 있지 않습니다. 참고로 포장지를 자를 칼이나 가위를 개인적으로 소지해서 가게 되면 흉기를 지니고 있다고 오인될 수 있으니 웬만하면 우체국 내에서 물품을 포장하지 않는 것이 좋습니다.

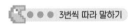 ● ● ● 3번씩 따라 말하기

Is there bubble wrap I can use?

제가 쓸 수 있는 버블랩이 있을까요?

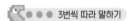 ● ● ● 3번씩 따라 말하기

How much is one roll of bubble wrap?

버블랩 한 롤은 가격이 어떻게 되나요?

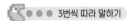 ● ● ● 3번씩 따라 말하기

How much do packing peanuts cost?

포장용 스티로폼 충전재는 얼마인가요? .

Expressions

roll (종이, 옷감, 필름 등을 둥글게 말아 놓은)통, 두루마리 packing peanut(= foam peanut) 패킹 피넛(포장용 스티로폼 충전재)

소포를 찾으러 왔다고 할 때

우체국에 가서 소포를 찾으러 왔다고 말할 땐 'my package'가 아닌 'a package'라고 말해야 합니다. 우체국에 있는 수많은 소포 중 '1개의 (a)' 소포가 자신의 것이며 이를 찾으러 왔다고 말하는 게 적합하기 때문이죠. 참고로 소포를 찾으러 갈 땐 배달원이 두고 간 'pink slip(배송하러 갔는데 수취인이 없어 남기고 간 통지서)'도 가져가야 합니다.

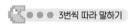 3번씩 따라 말하기

I'm here to pick up a package.

소포를 찾으러 왔는데요.

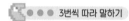 3번씩 따라 말하기

I tracked it online and it says the package arrived.

제가 온라인으로 추적해 봤는데 소포가 도착했다고 하더라고요.

 3번씩 따라 말하기

I tracked it online and it says the package arrived but it hasn't been delivered.

온라인으로 추적해 보니 소포는 도착했다고 하는데 배송이 안 됐어요.

Expressions

package 소포 pick up 찾다, 찾아오다 track 추적하다 It says ~. 그게 ~라고 하더라고요, 거기에 ~라고 돼 있더라고요. deliver 배송하다

분실 가능성이 있는 소포를 문의할 때

배송일이 많이 지났는데도 소포를 받지 못했거나 배송 추적이 안 되는 경우, 혹은 수취인이 없을 때 배달원이 남기고 가는 'pink slip'을 받지 못해 운송장 번호조차 모르는 경우 모두 소포 분실 가능성이 있습니다. 이럴 땐 신분증을 지참해 우체국을 방문하여 직원에게 상황을 설명하면 직원이 수취인의 이름 및 주소, 신분증을 확인한 후 소포를 찾아줍니다.

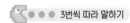 3번씩 따라 말하기

Here is my slip.

이게 제 (배달원이 남기고 간) 통지서예요.

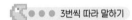 3번씩 따라 말하기

I was supposed to get it a week ago but I can't track it.

제가 그걸 1주일 전에 받기로 돼 있었는데, 그걸 추적할 수가 없어요.

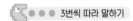 3번씩 따라 말하기

I don't know my tracking number but is there another way that I can find my package?

제가 운송장 번호를 모르는데, 혹시 제 소포를 찾을 방법이 있을까요?

Expressions

be supposed to V ~하기로 돼 있다 tracking number 추적 번호, 운송장 번호

어떤 우편으로 보내고 싶은지 말할 때

우편물을 보내는 방법엔 Priority Mail Express(특급 우편), Express Mail(속달 우편), Priority Mail(빠른 우편), Certified Mail(등기 우편)과 같이 다양한 방법이 있습니다. 그중 Priority Mail Express(특급 우편)는 배달원이 우편물을 수취인의 우체통에 넣고 가기 때문에 분실의 위험이 있을 수 있고, Priority Mail(빠른 우편)은 Express Mail(속달 우편)보다 배송 시간이 조금 더 소요되며, Certified Mail(등기 우편)은 우편물의 추적과 수취인 확인이 가능하고, First-Class Mail(제1종 우편)과 Regular Mail(일반 우편)은 배송 비용이 가장 저렴합니다.

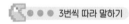 3번씩 따라 말하기

I want to send it Express.

그걸 속달 우편으로 보내고 싶어요.

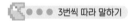 3번씩 따라 말하기

I want to send it Overnight.

그걸 다음 날 도착하는 빠른 우편으로 보내고 싶어요.

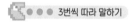 3번씩 따라 말하기

I want to send it Certified.

그걸 등기 우편으로 보내고 싶어요.

Expressions

send ~ Express/Overnight/Certified ~을 속달 우편/(다음 날 도착하는) 빠른 우편/등기 우편으로 보내다

 **Scene 164**

배송 상태를 확인하고자 할 때

우편물의 배송 상태를 확인하고 싶다고 문의할 땐 '~의 경로를 추적하다'라는 뜻을 가진 'track'이라는 단어를 써서 'Can I track ~?(~을 추적해볼 수 있을까요?)'과 같이 문의하거나 '~의 상태를 확인하다'라는 뜻을 가진 'check'이라는 단어를 써서 'Can you check ~?(~을 확인해 주실 수 있나요?)'과 같이 문의할 수 있습니다. 종종 온라인으로 배송 상태를 확인할 수 있냐고 물어볼 때 '웹사이트를 방문하다'라는 표현을 떠올려 'visit(방문하다)'라는 단어를 써서 말하는 경우가 있는데, 이렇게 말하면 우체국 직원이 이해하지 못할 수 있으니 주의해야 합니다.

 ● ● ● 3번씩 따라 말하기

Can I track where my mail is online?

제 우편이 어디쯤에 있는지 온라인으로 추적해볼 수 있을까요?

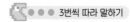 ● ● ● 3번씩 따라 말하기

Is there a way you can find my package?

제 소포를 찾을 수 있는 방법이 있을까요?

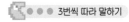 ● ● ● 3번씩 따라 말하기

Can you check the delivery status for me?

제 (우편물의) 배송 상태를 확인해 주실 수 있나요?

Expressions

Is there a way you can ~? 당신이 ~할 수 있는 방법이 있을까요?(여기서 '당신'은 '우체국(직원)'을 의미함) track 추적하다 check 확인하다 delivery status 배송 상태

 **Scene 165**

배송 보험에 관해 문의할 때

우편물은 다양한 이유로 인해 분실의 위험이 있을 수 있습니다. 예를 들어 미국에서는 배달원이 우편물을 우체통이나 집 앞마당에 그냥 두고 가는 경우가 많기 때문에 도난 사고가 발생할 가능성이 높습니다. 따라서 우편물을 보낼 때 적절한 배송 보험을 드는 걸 고려해 보는 것도 좋은 방법입니다. 보험은 발송되는 우편물의 종류에 따라 보험이 자동으로 포함된 경우도 있고 혹은 보험을 따로 구매해야 하는 경우도 있습니다. 따라서 보험을 따로 구매해야 하는 경우엔 직원에게 먼저 보험에 관해 묻고 구매 여부를 선택해야 합니다.

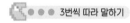 ● ● ● 3번씩 따라 말하기

Is it insured?

그거 보험 처리가 돼 있나요?

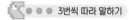 ● ● ● 3번씩 따라 말하기

Does it include insurance?

그거 보험이 포함된 건가요?

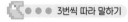 ● ● ● 3번씩 따라 말하기

Can I buy insurance for it?

그것과 관련된 보험을 구매할 수 있을까요?

Expressions

insure 보험에 들다 insurance 보험 Does it include ~? 그것엔 ~이 포함돼 있나요? Can I buy ~ for A? A를 위해(A와 관련해) ~을 구매할 수 있을까요?

Scene 166

우편환을 사고자 할 때

우체국을 통해 돈을 부치고자 할 땐 'money order(우편환)'를 사서 보낼 수 있습니다. 우편환은 미리 돈을 지불하고 사서 보내는 것이기 때문에 개인 수표를 보내는 것보다 더 신용할 수 있는 지급 방식으로 여겨지며, 따라서 돈을 받는 사람이 우편환을 요구하는 경우가 많습니다. 우편환을 사서 보내고자 할 땐 우체국이나 마켓, 혹은 환전소와 같이 우편환을 취급하는 곳에 가서 본인의 신분을 확인받은 후 원하는 우편환의 액수만큼 돈을 지불한 다음 그 액수가 찍혀 나온 우편환에 직접 서명을 해서 보내면 됩니다.

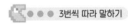

3번씩 따라 말하기

Where can I get a money order?

어디에서 우편환을 살 수 있나요?

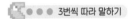

3번씩 따라 말하기

Can I get a money order for $500?

500달러짜리 우편환 하나를 살 수 있을까요?

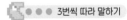

3번씩 따라 말하기

Can I buy a money order for $1,000?

1,000달러짜리 우편환 하나를 살 수 있을까요?

Expressions

Where can I get ~? 어디에서 ~을 구할(구매할/살) 수 있을까요? money order 우편환 money order for 특정 금액 ~짜리 우편환

Review & Practice

01 이걸 한국으로 보내고 싶어요.

_____

02 특급 우편(우선 취급 우편)은 얼마나 걸리나요?

_____

03 그게 오늘 발송되면 한국엔 언제 도착하나요?

_____

04 등기 우편으로 보내는 건 가격이 얼마인가요?

_____

05 이걸 좀 더 싸게 보낼 수 있는 방법이 있나요?

_____

06 버블랩 한 롤은 가격이 어떻게 되나요?

_____

07 제가 온라인으로 추적해 봤는데 소포가 도착했다고 하더라고요.

_____

08 제가 그걸 1주일 전에 받기로 돼 있었는데, 그걸 추적할 수가 없어요.

_____

09 그걸 다음 날 도착하는 빠른 우편으로 보내고 싶어요.

_____

10 제 (우편물의) 배송 상태를 확인해 주실 수 있나요?

_____

11 그거 보험이 포함된 건가요?

_____

12 500달러짜리 우편환 하나를 살 수 있을까요?

_____

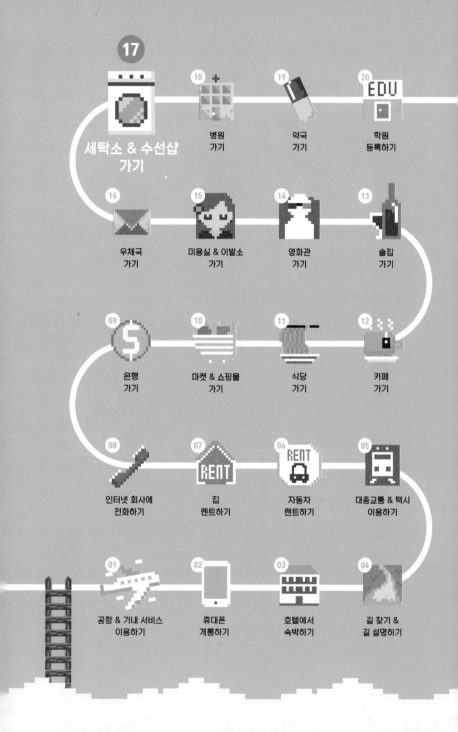

Mission 17

세탁소 & 수선샵 가기

세탁물을 널어서
말리지 않는
미국의 세탁문화

▶ 세탁물을 넣어 말리지 않고 건조기를 사용하는 미국 문화

미국에서는 세탁물을 말릴 때 세탁물을 넣어서 자연적으로 건조하지 않고 건조기를 사용해 말리는 것이 일반적입니다. 비가 잘 오지 않아 연중 내내 건조한 날씨로 유명한 캘리포니아에서조차 건조기 사용 생활 방식이 자리 잡혔기 때문에 세탁물을 따로 넣어서 말리는 경우는 없습니다. 이는 집 앞 정원이나 뒷마당에 세탁물을 넣어놓는 것은 미관상의 문제로 좋아하지 않는 경향이 있기 때문이기도 하지만, 개인 세탁물이 외부에 노출되는 것을 좋아하지 않는 문화가 있기 때문이기도 합니다.

▶ 건조기 사용에 쓰는 섬유 유연제 및 건조기 사용 시 주의 사항

위와 같이 미국에서는 세탁물을 말릴 때 건조기를 사용하고, 따라서 액체 섬유 유연제를 사용하기보다는 건조기에 적합한 종이처럼 생긴 '시트형 섬유 유연제'를 사용하는 경우가 더 많습니다. 그리고 건조기에서 세탁물이 건조되는 동시에 다림질과 먼지 제거가 함께 되는 '다림질 건조'와 '먼지 제거 건조'라는 개념이 꽤 보편화되어 있습니다. 단, 건조기를 많이 사용하는 만큼 옷이 줄어들거나 디자인이 변하고 섬유가 쉽게 상하는 일도 잦기 때문에 섬유의 종류에 따라 주의해서 세탁하지 않으면 옷이 쉽게 손상될 수 있습니다.

▶ 세탁기와 건조기 구매 시 고려 사항

미국에서 세탁기와 건조기는 개별 구매가 가능한데 이 둘을 함께 묶어 패키지로 판매하는 경우가 많습니다. 그리고 건조기를 구매할 시 고려할 점은 건조기 중엔 전기가 아닌 가스를 이용한 건조 방법을 이용한 것도 있어서 집의 세탁실에 연결된 후크가 전기용인지 가스용인지 미리 확인해야 한다는 것입니다. 또한 세탁과 건조가 동시에 되는 일체형 세탁기기는 '콤보'라고 부르고, 세탁기와 건조기가 따로 있지만 함께 구매하고 싶을 땐 '세트'가 아닌 '패키지'라고 부릅니다. 참고로 미국의 아파트나 콘도, 하우스는 오래된 건물이 많기 때문에 세입자가 개인 세탁기와 건조기를 따로 구비해야 하는 경우가 있습니다. 또는 마음대로 사용할 수 있는 세탁실이 없어서 건물 내부에 있는 유료 공동 세탁실을 사용하거나 빨래방을 이용해야 하는 경우도 있습니다.

🔊 MP3 167

세탁소에 옷을 맡길 때

세탁소에 옷을 맡길 땐 자신이 가져온 옷이 무엇인지 말하면서 단순 세탁을 원하는지, 드라이클리닝을 원하는지, 혹은 얼룩 제거를 원하는지 등 자신이 원하는 세탁 서비스를 명확히 전달해야 합니다.

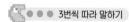 3번씩 따라 말하기

Hi, I'm here to get this stuff cleaned.

안녕하세요, 이것 좀 세탁하러 왔는데요.

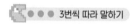 3번씩 따라 말하기

Hi, I want to get three coats dry cleaned.

안녕하세요, 코트 세 벌을 드라이클리닝 하고 싶은데요.

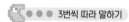 3번씩 따라 말하기

Hi, this is a suede jacket and there are stains on the front. Can you just clean the stains not the whole garment?

안녕하세요, 이거 스웨이드 재킷인데 앞에 얼룩이 있어서요. 옷 전체를 세탁하지는 마시고 그냥 이 얼룩만 없애 주실 수 있나요?

Expressions

stuff (사물) 것 get ~ cleaned ~을 세탁하다 get ~ dry cleaned ~을 드라이클리닝 하다 stain 얼룩 on the front 앞에 clean 깨끗이 하다 whole 전체의 garment 의복, 옷

세탁 시 주의 사항을 설명할 때

미국의 세탁소는 다양한 나라에서 온 이민자들이 운영하는 경우가 많습니다. 따라서 의사소통이 원활하게 되지 않는 경우가 종종 있고, 그 결과 세탁 시 주의해야 할 사항이 명확히 전달되지 않아 세탁 중 옷이 손상되는 경우가 발생하기도 합니다. 따라서 세탁소에 옷을 맡길 땐 세탁 시 주의 사항에 대해 특히 강조하면서 전달하는 것이 좋고, 필요할 경우엔 한 번 더 말해주는 것이 좋습니다.

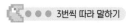 3번씩 따라 말하기

The fabric is very delicate.

(가져온 옷의) 이 옷감은 굉장히 약해요.

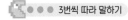 3번씩 따라 말하기

This garment is dry-clean only.

이 옷은 드라이클리닝만 가능해요.

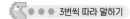 3번씩 따라 말하기

The cleaning tag says it shouldn't be washed in hot water.

세탁 시 주의 사항에 이건 뜨거운 물로 세탁하면 안 된다고 돼 있어요.

Expressions

fabric 직물, 천 delicate 약한 cleaning tag (옷에 붙어 있는) 세탁 시 주의사항 be washed in hot water 뜨거운 물에 씻겨지다(문맥상 '뜨거운 물에 세탁이 되다 → 뜨거운 물로 세탁하다'로 해석 가능)

세탁에 걸리는 시간을 물어볼 때

세탁소에 옷을 맡길 때 세탁 시간은 얼마나 걸리고 세탁된 옷은 언제 찾아갈 수 있는지를 물어볼 수 있는데, 미국 세탁소에서는 옷을 맡길 때 몇 벌의 옷을 맡겼고 이를 언제 찾아갈 수 있는지가 영수증에 적혀 있기 때문에 영수증에 안내된 날짜에 옷을 찾아가면 됩니다. 참고로 와 이셔츠 같은 가벼운 옷을 세탁할 땐 평균 1~2일 정도가 소요됩니다. 혹 옷을 빨리 찾아야 하는 경우라면 세탁소에서 추가 비용 없이 원하는 일정에 맞춰서 세탁해 주기도 합니다.

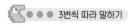 3번씩 따라 말하기

How long does it take?

(세탁하는 데) 얼마나 걸리나요?

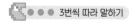 3번씩 따라 말하기

When is the soonest I can pick it up?

가장 빠르면 그걸 언제 찾아갈 수 있을까요?

 3번씩 따라 말하기

Hi, can you wash these dress shirts by the day after tomorrow?

안녕하세요. 모레까지 이 와이셔츠들을 세탁하는 게 가능할까요?

Expressions

soon-sooner-soonest 빨리-더 빨리-가장 빨리 pick up 찾아가다 dress shirt 와이셔츠 by the day after tomorrow 모레까지

 **Scene 170** 🔊 MP3 170

망가진 옷을 고쳐 달라고 요청할 때

미국에선 '세탁소'와 '수선 샵'을 별개의 개념으로 보지만, 세탁소 내에
수선 샵을 같이 운영하는 경우도 많기 때문에 망가진 옷을 고치고자
할 땐 세탁소에 가서 부탁해도 됩니다. 그리고 망가진 옷을 고쳐 달라
고 요청할 땐 굳이 어려운 용어로 설명할 필요 없이 '옷이 줄어들었다
(shrank), 옷의 올이 나갔다(got run)'와 같이 설명하면 됩니다.

 ● ● ● 3번씩 따라 말하기

I washed it and it shrank. Can you fix this?

이걸 빨았더니 줄어들어 버렸어요. 이걸 고쳐 주실 수 있나요?

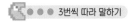 ● ● ● 3번씩 따라 말하기

This wool sweater got stiff. Can you do something about it?

이 울 스웨터가 뻣뻣해졌어요. 어떻게 좀 해 주실 수 있나요?

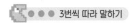 ● ● ● 3번씩 따라 말하기

When I washed it, it got run. Can you repair it with the same color thread?

이걸 빨았더니 올이 나가 버렸어요.
이걸 같은 색상의 실을 사용해서 고쳐 주실 수 있나요?

Expressions

---

shrink 줄어들다(shrink-shrank-shrunk) fix 고치다, 수리하다 get stiff 딱딱해지다,
뻣뻣해지다 get run 올이 나가다 repair 고치다, 수리하다 thread 실

옷을 수선해 달라고 요청할 때 (1)

동네 세탁소는 이민자들이 운영하거나 종사하는 경우가 많기 때문에
이들에게 옷을 수선해 달라고 부탁할 땐 영어를 유창하게 구사하는 것
보다는 옷의 어떤 부분을 어떻게 수선할지 최대한 정확히 설명하는 것
이 중요합니다. 이때 수선할 부분을 미리 표시해 가는 것도 좋습니다.

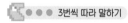 3번씩 따라 말하기

These pants are too long.
Can you alter them?

이 바지가 너무 길어서요. 이걸 수선해 주실 수 있나요?

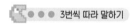 3번씩 따라 말하기

Can you cut the bottom of both legs and hem them?

바지 양쪽 밑단을 잘라서 단을 만들어 주실 수 있나요?

 3번씩 따라 말하기

The sleeves are too big.
Can you take them in?

이거 소매가 너무 커서요. 이걸 좀 줄여 주실 수 있나요?

Expressions

pants 바지 alter (옷을) 고치다/수선하다 the bottom of both legs (바지의) 양쪽
밑단 hem (옷의) 단, 단을 만들다 sleeve 소매 take in (옷을) 줄이다

옷을 수선해 달라고 요청할 때 (2)

옷을 수선할 때 기장을 줄이고자 한다면 'cut(자르다), shorten(줄이다), cut and hem(자르고 단을 만들다), cut and keep the original hem(자르고 원래 있던 단을 유지하다)'과 같은 표현을 써서 요청하면 되고, 통을 줄이고자 한다면 'take in(옷 등을 줄이다)'과 같은 표현을 써서 요청하면 됩니다. 참고로 미국의 옷 수선비는 $10~$30 정도로 가격이 꽤 나가기 때문에 수선 시 요구 사항을 정확히 전달하는 것이 좋습니다.

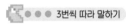 ● ● ● 3번씩 따라 말하기

I want to shorten the skirt.

치마 길이를 좀 줄였으면 좋겠어요.

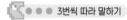 ● ● ● 3번씩 따라 말하기

I pinned how much I wanted to take in.

제가 얼만큼 줄이고 싶은지 핀으로 꽂아서 표시해 왔어요.

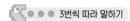 ● ● ● 3번씩 따라 말하기

Can you take it in 2 inches?
And I want to keep the original hem.

이걸 2인치 정도 줄여 주실 수 있나요?
그리고 원래 있던 단은 그대로 유지하고 싶어요.

Expressions

shorten 짧게 하다, 길이를 줄이다 pin (핀 등으로) 꽂다/고정시키다 the original hem (처음 옷을 살 때) 원래 있던 단

세탁 비용이 얼마인지 물어볼 때

세탁 비용은 보통 옷의 종류 및 세탁 형태에 따라 정해져 있습니다. 이를테면 와이셔츠처럼 간단히 세탁할 수 있는 옷인지, 혹은 장식이 많아 세탁하기 까다로운 옷인지 여부에 따라 세탁 비용에 차이가 있을 수 있죠. 그리고 다림질 역시 다림질이 어떤 방식(ex: 풀을 먹이는 다림질)인지 여부에 따라 추가 비용을 지불해야 하는 경우도 있습니다. 참고로 세탁소별로 특정 할인 행사를 진행하거나 도장을 일정 횟수까지 모으면 무료 세탁 서비스를 제공하기도 하니 이를 활용하는 것도 좋습니다.

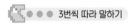 3번씩 따라 말하기

How much is it to dry clean a dress shirt?

와이셔츠 한 벌을 드라이클리닝 하면 가격이 얼마인가요?

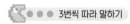 3번씩 따라 말하기

How much is it to have a shirt laundered?

셔츠 한 벌을 세탁하면 가격이 얼마인가요?

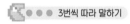 3번씩 따라 말하기

How much is it to have a shirt laundered and pressed?

셔츠 한 벌을 세탁하고 다림질하면 가격이 얼마인가요?

Expressions

dry clean 드라이클리닝을 하다 launder 세탁하다 have ~ laundered ~을 세탁(되게)하다 press (다리미로) 다리다, 다림질하다

 **Scene 174**

🔊 MP3 174

옷을 찾으러 왔다고 할 때

옷을 찾으러 갔을 땐 맡긴 옷을 찾으러 왔다고 말하며 영수증을 보여 주면 바로 옷을 찾을 수 있습니다. 세탁한 옷엔 대부분 비닐 커버(랩)를 씌워 주는데, 그렇지 않은 경우엔 이를 씌워 달라고 따로 요청하면 됩니다. 이때 '두꺼운 비닐'을 뜻하는 'vinyl'이 아닌 '얇은 비닐 (봉투)'을 뜻하는 'plastic'이란 단어를 써서 요청해야 하니 이 점에 주의하세요.

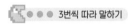 3번씩 따라 말하기

I am here to pick up my clothes. I brought them a week ago.

저 옷을 찾으러 왔는데요. 제가 옷을 1주일 전에 가지고 왔었어요.

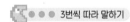 3번씩 따라 말하기

Can you put it in plastic wrap?

이걸 비닐 랩으로 좀 씌워 주실 수 있나요?

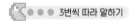 3번씩 따라 말하기

I brought two jackets in for dry cleaning a few days ago.

제가 며칠 전에 재킷 2벌을 드라이클리닝 하려고 가지고 왔었어요.

Expressions

clothes 옷 bring (in) 가지고 오다(bring-brought-brought) plastic wrap 비닐 랩
put A in B A를 B안에 넣다(문맥상 'A를 B로 씌우다'로 해석 가능)

Review & Practice

01 안녕하세요, 이것 좀 세탁하러 왔는데요.

_____

02 안녕하세요, 코트 세 벌을 드라이클리닝 하고 싶은데요.

_____

03 이 옷은 드라이클리닝만 가능해요.

_____

04 세탁 시 주의 사항에 이건 뜨거운 물에 세탁하면 안 된다고 돼 있어요.

_____

05 가장 빠르면 그걸 언제 찾아갈 수 있을까요?

_____

06 이걸 빨았더니 줄어들어 버렸어요. 이걸 고쳐 주실 수 있나요?

_____

07 바지 양쪽 밑단을 잘라서 단을 만들어 주실 수 있나요?

_____

08 이거 소매가 너무 커서요. 이걸 좀 줄여 주실 수 있나요?

_____

09 치마 길이를 좀 줄였으면 좋겠어요.

_____

10 제가 얼만큼 줄이고 싶은지 핀으로 꽂아서 표시해 왔어요.

_____

11 셔츠 한 벌을 세탁하고 다림질하면 가격이 얼마인가요?

_____

12 저 옷을 찾으러 왔는데요. 제가 옷을 1주일 전에 가지고 왔었어요.

_____

정답

01 Hi, I'm here to get this stuff cleaned.
02 Hi, I want to get three coats dry cleaned.
03 This garment is dry-clean only.
04 The cleaning tag says it shouldn't be washed in hot water.
05 When is the soonest I can pick it up?
06 I washed it and it shrank. Can you fix this?
07 Can you cut the bottom of both legs and hem them?
08 The sleeves are too big. Can you take them in?
09 I want to shorten the skirt.
10 I pinned how much I wanted to take in.
11 How much is it to have a shirt laundered and pressed?
12 I am here to pick up my clothes. I brought them a week ago.

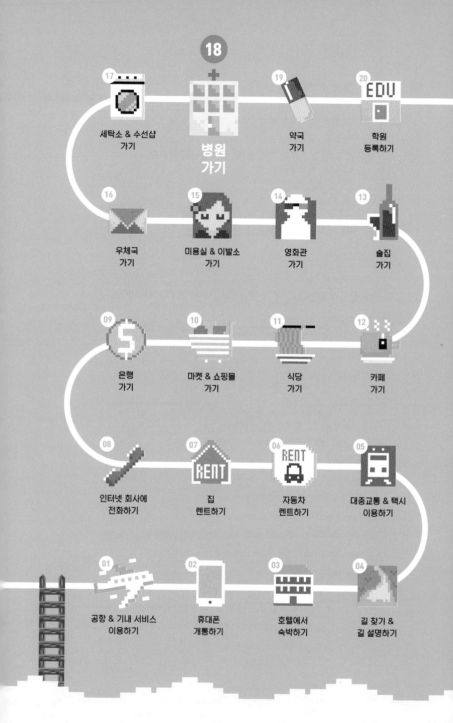

18
병원
가기

17 세탁소 & 수선샵
가기

19 약국
가기

20 학원
등록하기

16 우체국
가기

15 미용실 & 이발소
가기

14 영화관
가기

13 술집
가기

09 은행
가기

10 마켓 & 쇼핑몰
가기

11 식당
가기

12 카페
가기

08 인터넷 회사에
전화하기

07 집
렌트하기

06 자동차
렌트하기

05 대중교통 & 택시
이용하기

01 공항 & 기내 서비스
이용하기

02 휴대폰
개통하기

03 호텔에서
숙박하기

04 길 찾기 &
길 설명하기

Mission 18

병원
가기

문화
엿보기

상당히 비싼
미국의 의료 보험과
꼭 알아야 하는 보험 용어들

▶ 비용이 상당히 비싼 미국의 의료 보험

미국의 사회 보장 제도로는 주와 정부에서 보험료를 지불할 능력이 없는 저소득층에게 제공하는 의료 보호 제도인 메디케이드(Medicaid)와 65세 이상 노인 연령층에 제공하는 메디케어(Medicare)라는 공보험이 있습니다. 미국은 이러한 공보험을 제외한 나머지 의료 보험 부분은 민간 의료 보험에 의존하고 있기 때문에 그에 따라 보험 비용이 상당히 비쌉니다. 비용이 비싼 이유는 바로 민간 의료 보험 회사들이 가격이 다른 여러 가지 보험 상품을 선보이면서 그 가격이 계속 비싸지는 악순환을 반복하고 있기 때문입니다.

▶ 혜택이 제한적인 미국의 의료 보험

물론 미국에 직장인 의료 보험과 같은 제도가 있긴 하지만, 한인 교민이 이러한 혜택을 받는 비율은 사실상 그리 높지 않습니다. 덧붙여 소규모 자영업자나 영세업자, 그리고 개인 보험 이용자들이 지불하는 비싼 보험료에 비해 보장받을 수 있는 혜택은 너무 제한적이라 아예 보험에 가입하지 않는 경우도 많습니다. 실제 청구되는 병원비를 살펴보면 의사에게 5분 진료를 받는 데에도 100~200달러의 비용을 내야 하며, 맹장 수술은 평균 2만 달러, 출산 시 하루 입원비는 약 3,000달러, 암에 걸리면 약 20~30만 달러 정도의 엄청난 비용을 지불해야 합니다. 그리고 여기에 약 처방에 지출해야 하는 비용까지 계산한다면 지불해야 할 의료비는 천정부지로 높아질 수밖에 없습니다.

▶ 민영 의료 보험인 HMO와 PPO

미국의 민영 의료 보험으로는 HMO(Health Maintenance Organization)와 PPO(Preferred Provider Organization)가 가장 보편적인데, 이 둘은 주치의 선정 여부에 따라 구분됩니다. HMO는 가입 시 주치의를 선정해야 하며, 주치의로부터 개인의 병력을 관리받습니다. 그리고 다른 의사에게 진료를 받고자 할 때는 주치의로부터 추천서(Referral)를 받아야 합니다. 반면, PPO 가입자는 주치의를 두지 않고 보험 회사와 계약한 병원과 의사 내에서 원하는 병과를 자율적으로 찾아갈 수 있습니다. 따라서 가입자 우선 부담금(Deductible)과 진료 및 치료 시 지불해야 할 의료비(Co-Pay)가 HMO에 비해 높은 편입니다.

병원에 검진 및 진료를 예약할 때

미국에서는 회사나 학교에 들어갈 때 건강 검진 기록, 예방 접종 기록 등의 건강 기록을 제출해야 할 때가 있습니다. 특히 미성년 자녀가 학교에 입학하거나 전학할 시엔 학교에 면역 접종 기록을 제출해야 하며, 학년이 바뀔 때마다 자녀를 맡고 있는 담당 주치의의 병원 주소 및 연락처, 보험 상태 등을 제출해야 합니다. 그리고 병원 진료를 받고자 할 땐 아래와 같이 병원에 전화를 걸어 사전에 진료를 예약해야 합니다.

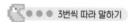 ● ● ● 3번씩 따라 말하기

I am calling for an annual checkup.

연간 (건강) 검진 때문에 전화 드렸습니다.

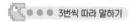 ● ● ● 3번씩 따라 말하기

I'm calling to make an appointment for a regular checkup.

정기 (건강) 검진을 예약하려고 전화 드렸습니다.

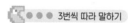 ● ● ● 3번씩 따라 말하기

I'm calling about a regular dental checkup for my son.

저희 아들 정기 치과 검진 때문에 전화 드렸습니다.

Expressions

annual checkup 연간 검진 make an appointment 예약하다 regular checkup 정기 검진 dental checkup 치과 검진

Scene 176

🔊 **MP3** 176

병원 예약 일정을 변경할 때

미국에서는 위급한 상황이라 응급실로 가야 하는 경우, 혹은 시급한 치료가 필요해 'Urgent Care(긴급 치료 센터)'로 가는 상황을 제외하고는 진료를 받기 위해선 반드시 예약해야 합니다. 덧붙여 긴급 치료가 필요해 Urgent Care에서 진료를 받은 경우에도 첫 진료 이후 추가 진료를 받을 땐 예약을 해야 담당 의사를 만나볼 수 있습니다. 따라서 미국에서는 진료가 필요할 경우 병원 예약은 필수이며, 부득이한 사정으로 예약을 변경해야 할 땐 반드시 병원에 전화를 걸어 알려야 합니다.

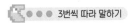 3번씩 따라 말하기

I'd like to change my appointment.

예약을 변경하고 싶어요.

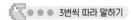 3번씩 따라 말하기

Can I reschedule my appointment?

제 예약 일정을 다시 잡을 수 있을까요?

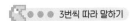 3번씩 따라 말하기

I want to change my appointment from the 1st to the 7th.

1일자 예약을 7일로 바꾸고 싶어요.

Expressions

appointment 예약 reschedule 일정을 다시 잡다 change one's appointment from 날짜1 to 날짜2 ~의 예약을 ~(날짜1)일에서 ~(날짜2)일로 바꾸다

 **Scene 177**

🔊 **MP3 177**

병원 운영 시간을 확인하고자 할 때

미국의 개인 병원은 저마다 운영 시간이 상이하고 담당 의사가 진료를
보는 날짜나 시간이 다를 때가 많기 때문에 진료 예약을 하고자 할 땐
반드시 병원의 운영 시간을 미리 확인해야 합니다. 덧붙여 사전 예약을
받는 것 외에도 의사의 재량에 따라 당일 예약을 받는 병원도 있는데,
당일 예약을 할 때 역시 운영 시간을 꼭 확인해야 합니다. 그리고 병원
에 전화를 걸어 운영 시간을 확인할 땐 'check(확인하다), hours(운영
시간), open/close(열다/닫다)' 등의 표현으로 물어보면 됩니다.

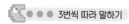 3번씩 따라 말하기

How long do you stay open?

병원이 언제까지 문을 여나요?

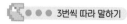 3번씩 따라 말하기

I'm calling to check when you close.

병원이 언제 문을 닫는지(끝나는지) 확인하려고 전화했어요.

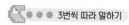 3번씩 따라 말하기

I'm calling to check your hours.

병원 운영 시간을 확인하려고 전화했어요.

Expressions

stay open 계속 열려 있다('How long do you stay open?'을 직역하면 '얼마나 오랫동
안 열려 있어요?'라는 의미인데, 이를 자연스럽게 풀이하면 '언제까지 문을 여나요(운영
하나요)?'라는 의미로 해석 가능. 참고로 'Until when~?'과 같이 질문하지는 않음)
hours 근무 시간, 영업(운영) 시간

예약 없이 진료가 가능한지 물어볼 때

응급실이나 긴급 치료 센터(Urgent Care)에서 진료를 받았을 당시 의사가 경고했던 증상이 이후에 나타나 급한 진료를 받아야 할 경우, 예약 없이 진료받는 것이 가능한지 병원에 전화를 걸어 문의해야 합니다. 이때 주치의 병원이라면 접수 담당자가 주치의와 상담한 후 예약 없이 바로 진료를 받게끔 일정을 잡아주기도 합니다. 혹은 환자가 '주치의 진료 추천서(referral)'를 소지하고 있고 주치의 병원에서 환자가 방문할 병원으로 연락을 해 줄 경우 바로 진료를 받을 수 있기도 합니다.

 3번씩 따라 말하기

Do you take walk-ins?

예약하지 않고 온 사람(환자)들도 받나요?

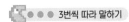 3번씩 따라 말하기

Can I see a doctor without an appointment?

예약 없이 진료받을 수 있나요?

 3번씩 따라 말하기

Can I see my doctor right away without an appointment?

예약 없이 제 주치의에게 진료받을 수 있나요?

Expressions

walk-in 예약하지 않고 오는 손님 see a doctor 진료받다 right away 바로 without ~ ~ 없이 one's doctor ~의 주치의(담당 의사)

진료 기록이 필요하다고 요청할 때

회사에 입사하거나 학교에 입학할 때 건강 검진 기록을 제출해야 하는 경우가 있듯이, 각종 다양한 이유로 병원 진료 기록, 건강 검진 기록, 예방 접종 기록, 의사 소견서 등을 제출해야 할 때가 있습니다. 이럴 경우엔 병원에 전화를 걸어 진료 기록이 필요한 이유와 함께 이를 제출할 기관이 어디인지 밝힌 다음 진료 기록 사본을 요청하면 됩니다. 요청한 진료 기록 사본은 병원을 직접 방문해 찾아갈 수도 있고 혹은 이메일로 진료 기록 문서 파일을 받는 방법을 취할 수도 있습니다.

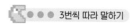
● ● ● 3번씩 따라 말하기

I'd like inquire about my vaccination records.

제 예방 접종 기록에 대해 문의하고 싶어요.

● ● ● 3번씩 따라 말하기

Can I get a doctor's note?

의사 소견서(진단서)를 받을 수 있을까요?

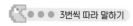
● ● ● 3번씩 따라 말하기

Can I get a copy of my immunization records for school admission?

학교 입학 시 제출할 면역 접종 기록 사본을 받을 수 있을까요?

Expressions

inquire about ~ ~에 대해 문의하다 doctor's note 의사 소견서(진단서) a copy of ~ ~의 사본 immunization records 면역 접종 기록 admission 입학

 **Scene 180**

보험 적용이 가능한지 물어볼 때

미국은 한국과 같이 전 국민을 대상으로 한 국민 건강 보험이 없기 때문에 병원을 선택할 시 자신이 개인적으로 가입된 보험으로 병원비를 보장받을 수 있는지를 미리 확인해야 합니다. 긴급 치료 센터(Urgent Care)에서 진료를 받게 되는 경우라도 자신이 가입한 보험으로 병원비를 보장받을 수 있는지 미리 묻고 확인해야 하며, 그렇지 않으면 추후 병원 비용을 비싸게 지불해야 하는 일이 생길 수 있습니다. 이처럼 자신이 가고자 하는 병원에서 본인의 보험이 적용 가능한지 여부를 물어볼 땐 자신에게 어떤 보험이 있는지 먼저 밝힌 다음 이 보험을 병원에서 취급하는지 여부를 물어보면 됩니다.

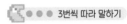 3번씩 따라 말하기

What kind of insurance do you take?

여기선 어떤 종류의 보험을 받나요?

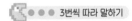 3번씩 따라 말하기

I have ABC insurance. Do you take it?

전 ABC 보험에 들어 있는데요. 여기서 이걸(이 보험을) 받나요?

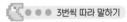 3번씩 따라 말하기

Does it cover my treatment and medication?

그게(그 보험이) 제가 받는 치료와 약을 모두 보장해 주나요?

Expressions

insurance 보험 take 취하다, 받다, 받아들이다 cover (보험 등으로) 보장하다
treatment 치료 medication 약, 약물 치료

예방 접종을 하러 왔다고 할 때

미국에서는 약국에서도 감기 예방 접종을 할 수 있으며, 개인 신상 및 건강 상태에 대한 설문 조사에 응하고 동의서에 사인하면 바로 주사를 맞을 수 있습니다. 병원에서 하는 감기 예방 접종 방법엔 주사를 놓아서 하는 주사 접종, 그리고 스프레이로 코에 백신을 뿌려 접종하는 'FluMist(플루미스트)'라는 접종 방법이 있습니다. FluMist는 상품명이 그대로 접종 방법의 명칭으로 통용된 것이며, 주사를 싫어하는 아이들뿐만 아니라 성인들에게도 인기가 높아 예약을 서둘러 해야 합니다.

 3번씩 따라 말하기

I'm here to get vaccinated.

저 예방 접종을 하러 왔는데요.

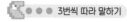 3번씩 따라 말하기

We are here to get my son a flu shot.

저희 아이에게 독감 예방 주사를 맞히려고 왔어요.

 3번씩 따라 말하기

If you have FluMist, can I have that instead?

FluMist(독감 백신의 일종)가 있으시면, 그걸로 대체할 수 있을까요?

Expressions

get vaccinated 예방 접종을 하다　get ~ a flu shot ~이 독감 예방 주사를 맞게 하다　FluMist 플루미스트(주사 대신 코로 흡입하는 독감 예방 스프레이)　instead 대신에

 **Scene 182**

몸에 열이 있다고 설명할 때

미국에서는 체온을 측정할 때 '섭씨(℃)'가 아닌 '화씨(℉)'라는 단위로
측정합니다. 따라서 의사에게 자신의 열이 몇 도인지 설명할 땐 'a
fever of ~ ℉(화씨 ~도)'와 같이 설명해야 합니다(예를 들어 '섭씨
39.4도(39.4℃)'는 '화씨 103도(103℉)'). 또한 열이 오르락내리락한다고
설명할 땐 'fever(열)'이 아닌 'temperature(체온)'이라는 용어를 써서
자신의 체온이 오르락내리락한다고 설명해야 합니다.

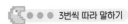 3번씩 따라 말하기

I have a fever of 103 degrees.

저 열이 (화씨) 103도예요.

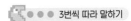 3번씩 따라 말하기

The fever hasn't gone down even though I took medicine.

약을 먹었는데도 열이 떨어지지를 않아요.

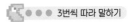 3번씩 따라 말하기

My temperature has been going up and down for 3 days.

제 체온이 3일 동안 계속 오르락내리락해요.

Expressions

a fever of ~ ~도의 열 go down 떨어지다 take medicine 약을 먹다 temperature
체온, 온도, 신열(고열) go up and down 오르락내리락하다

복통과 구토 증상을 설명할 때

복통과 구토 증상을 설명할 땐 'have stomach pains(복통이 있다, 배가 아프다), throw up(구토를 하다)'과 같은 표현을 써서 설명하면 되는데, 과거에 아프기 시작해 지금까지도 계속 아프다고 말할 땐 'I have been V-ing, I have p.p.'와 같은 구문으로 이야기하면 됩니다. 그리고 의사가 이미 복용한 약이 있는지를 물어봤을 경우 이미 복용한 약이 있다면 자신이 어떤 성분의 약을 먹었는지 의사가 정확히 알 수 있도록 약의 이름을 구체적으로 언급하는 것이 좋습니다.

 ● ● ● 3번씩 따라 말하기

I've been having stomach pains for a week.

일주일 동안 계속 배가 아파요.

 ● ● ● 3번씩 따라 말하기

I have had a lot of gas and heartburn lately.

최근에 (배에) 가스가 많이 차고 속이 쓰려요.

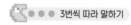 ● ● ● 3번씩 따라 말하기

I have been feeling nauseated and throwing up after eating.

식사 후에 계속 속이 메스껍고 구토를 해요.

Expressions

I have been V-ing. 제가 (과거부터 지금까지 계속) ~해요. I have p.p. 제가 (현재 결과적으로/현재까지) ~해요. heartburn 속 쓰림 feel nauseated 메스껍다

설사와 변비 증상을 설명할 때

설사 증상을 설명할 땐 'have diarrhea(설사를 하다), have the runs((묽은) 설사를 하다), have watery diarrhea(묽은 설사를 하다)'와 같은 표현을 써서, 그리고 변비 증상을 설명할 땐 'have constipation(변비가 있다)'과 같은 표현을 써서 설명하면 됩니다. 그리고 변비 때문에 '대변 유연제(stool softener)'를 복용했다면 그것이 약약 타입인 'laxative pills'인지, 파우더 타입인 'laxative powder'인지, 혹은 좌약 타입인 'suppositories'인지 등을 정확히 알려주는 것이 처방에 도움이 됩니다.

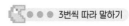 3번씩 따라 말하기

I have had diarrhea for 3 days.

3일 동안 설사를 했어요.

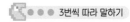 3번씩 따라 말하기

I have bad constipation. I haven't gone to the bathroom for a week.

변비가 심하고요. 1주일 동안 화장실을 못 갔어요.

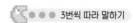 3번씩 따라 말하기

I have the runs. How do I stop it?

제가 (묽은) 설사를 하는데요. 이걸 어떻게 멈출 수 있을까요?

Expressions

diarrhea 설사 have (bad) constipation (심한) 변비가 있다 go to the bathroom 화장실에 가다 have the runs (묽은) 설사를 하다

귀가 아픈 증상을 설명할 때

이비인후과에 가서 귀가 아픈 증상을 설명할 땐 'have pain in my right/left ear(나의 오른쪽/왼쪽 귀가 아프다), hear ~ in my ears(귀에서 ~이 들리다)'와 같은 표현을 써서 설명하면 됩니다. 참고로 영어로 이비인후과는 'otolaryngology', 이비인후과 의사는 'otolaryngologist'라고 하는데 이는 미국 현지인들에게도 발음하기 어렵고 복잡하게 느껴지는 용어들입니다. 따라서 이비인후과를 영어로 말할 땐 '귀, 코, 목'을 뜻하는 영어 단어 'ear, nose, throat'를 써서 'Ear, Nose & Throat'라고 말하거나 이를 좀 더 줄여 'ENT'라고 합니다. 또한 이비인후과 의사 역시 간단히 'ENT doctor'라고 부릅니다.

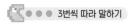 ● ● ● 3번씩 따라 말하기

I have pain in my right ear.

오른쪽 귀가 아파요.

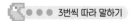 ● ● ● 3번씩 따라 말하기

I hear ringing in my ears.

귀에서 울리는 소리가 들려요.

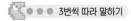 ● ● ● 3번씩 따라 말하기

Fluid came out of my ears.

귀에서 진물이 나왔어요.

Expressions

have pain 통증이 있다. 아프다 hear ringing 울리는 소리가 들리다 fluid 유체(문맥상 '진물'로 해석 가능) come out of ~ ~에서 나오다

약이 효과가 없다고 설명할 때

약이 효과가 없어 이를 문의할 땐 이전에 처방받아 먹고 있던 약, 혹은 약국에서 사서 복용한 약의 이름을 의사에게 정확히 알려줘야 합니다. 그리고 환자 입장에서는 약효가 바로 나타나지 않으면 당연히 답답한 마음에 의사에게 항생제를 놔 달라고 요구하고 싶지만, 미국은 항생제 처방에 민감한 편이라 즉시 항생제 주사를 놔주지 않습니다. 또한 링거 (포도당 주사)도 환자가 원한다고 해서 쉽게 맞을 수 없습니다.

 3번씩 따라 말하기

Nothing worked.

아무것도 효과가 없었어요.

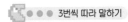 3번씩 따라 말하기

I've tried different medicines but nothing worked.

(지금까지) 여러 약들을 시도했지만, 아무것도 효과가 없었어요.

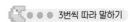 3번씩 따라 말하기

My laxative pills aren't working. Are there other ways of treating this?

제가 먹는 변비약은 효과가 없어요. 이걸 치료할 수 있는 다른 방법이 있나요?

Expressions

nothing 아무것도 (~이 아니다, ~하지 않다) work 효과가 있다 laxative pill (알약으로 먹는) 변비약 other way 다른 방법 treat 치료하다

 **Scene 187**

골절이 의심되는 부위를 설명할 때

미국에서는 뼈가 부러지거나 금인 간 경우를 모두 '골절(fracture)'로 통칭합니다. 그런데 미국에서는 골절이 의심될 경우 긴급 치료 센터(Urgent Care)로 찾아가지 않는 이상 주치의의 처방전(referral) 없이는 환자가 자발적으로 엑스레이를 찍을 수 없습니다. 그리고 긴급 치료 센터로 가서 치료를 받을 땐 반드시 보험 카드를 지참해서 가야 진료 등록을 하여 치료를 받을 수 있습니다.

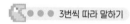 ●●● 3번씩 따라 말하기

I have pain in my right wrist.

오른쪽 손목에 통증이 있어요.

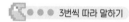 ●●● 3번씩 따라 말하기

When I touch the swollen area, it hurts a lot.

부은 부위를 건드리면 많이 아파요.

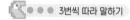 ●●● 3번씩 따라 말하기

I think my right foot is fractured.

오른쪽 발에 금이 간 것 같아요.

Expressions

have pain 통증이 있다(통증을 느끼다) wrist 손목 touch 건드리다 swell 부어 오르다(swell-swelled-swollen) area 부위 hurt a lot 많이(무척) 아프다 foot 발 fracture 금이 가다, 골절상을 입다, 골절

 **Scene 188**

골절 의심 부위를 확인해 달라고 할 때

의사에게 골절 의심 부위를 확인해 달라고 요청할 땐 'Can you check if/whether ~?(~인지 (아닌지) 확인해 주시겠어요?)'라는 말로 특정 신체 부위가 부러졌는지 아닌지 한번 봐 달라고 요청하면 됩니다. 그리고 골절이 의심되는 상황에서 주치의를 만나 진료받을 수 없는 경우, 긴급 치료 센터(Urgent Care)로 가서 진료를 받거나 가정의/내과의가 상주해 있는 CVS 혹은 Walgreen과 같은 대형 약국에 가서 간단한 진료를 받는 것이 가능합니다. 덧붙여 미국의 응급실은 대기 시간이 상당히 긴 편이기 때문에 통증이 심한 환자들의 경우 버티기 곤혹스러울수가 있으니 이를 참고해 두세요.

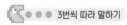 3번씩 따라 말하기

Can you check if I have a fracture?

제가 골절을 입었는지 확인해 주시겠어요?

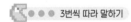 3번씩 따라 말하기

Can you check whether my foot is broken?

제 발이 부러졌는지 확인해 주시겠어요?

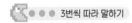 3번씩 따라 말하기

Can you check whether I broke my arm?

제가 팔이 부러진 건 아닌지 확인해 주시겠어요?

Expressions

Can you check if/whether ~? ~인지 (아닌지) 확인해 주시겠어요? be broken 부러지다 break one's arm/leg/foot ~의 팔/다리/발이 부러지다

Review & Practice

01 정기 (건강) 검진을 예약하려고 전화 드렸습니다.

_____

02 1일자 예약을 7일로 바꾸고 싶어요.

_____

03 병원 운영 시간을 확인하려고 전화했어요.

_____

04 예약 없이 진료받을 수 있나요?

_____

05 의사 소견서(진단서)를 받을 수 있을까요?

_____

06 전 ABC 보험에 들어 있는데요. 여기서 이걸(이 보험을) 받나요?

_____

07 저 예방 접종을 하러 왔는데요.

_____

08 약을 먹었는데도 열이 떨어지지를 않아요.

_____

09 최근에 (배에) 가스가 많이 차고 속이 쓰려요.

_____

10 제가 (묽은) 설사를 하는데요. 이걸 어떻게 멈출 수 있을까요?

_____

11 귀에서 울리는 소리가 들려요.

_____

12 오른쪽 발에 금이 간 것 같아요.

_____

--- 정답 ---

01 I'm calling to make an appointment for a regular checkup.

02 I want to change my appointment from the 1st to the 7th.

03 I'm calling to check your hours.

04 Can I see a doctor without an appointment?

05 Can I get a doctor's note?

06 I have ABC insurance. Do you take it?

07 I'm here to get vaccinated.

08 The fever hasn't gone down even though I took medicine.

09 I have had a lot of gas and heartburn lately.

10 I have the runs. How do I stop it?

11 I hear ringing in my ears.

12 I think my right foot is fractured.

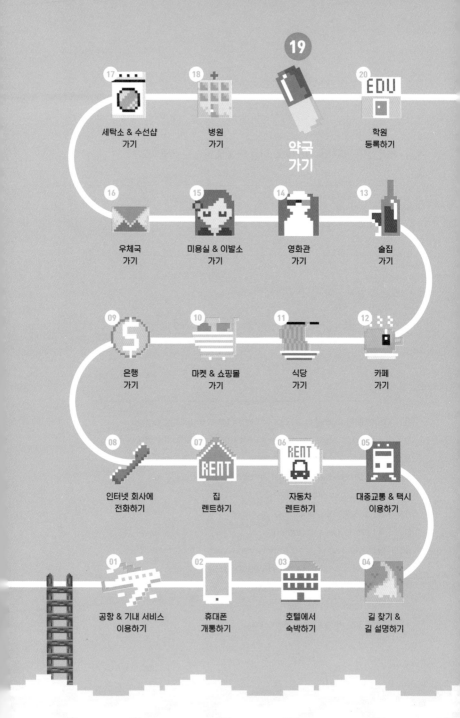

19

세탁소 & 수선샵
가기

병원
가기

약국
가기

학원
등록하기

우체국
가기

미용실 & 이발소
가기

영화관
가기

술집
가기

은행
가기

마켓 & 쇼핑몰
가기

식당
가기

카페
가기

인터넷 회사에
전화하기

집
렌트하기

자동차
렌트하기

대중교통 & 택시
이용하기

공항 & 기내 서비스
이용하기

휴대폰
개통하기

호텔에서
숙박하기

길 찾기 &
길 설명하기

Mission 19

약국 가기

미국 약국의
종류 및 특징과
약국 방문 시 유의사항

▶ 미국의 대형 약국과 한인 교민이 운영하는 약국 유형

미국 약국은 약품과 의료용품 외에 식품과 생활용품도 같이 판매하기 때문에 마치 동네 대형 마켓과 비슷해 보입니다. 또한 약 처방전을 제출하거나 처방된 약을 픽업할 때 차에서 내리지 않고 바로 약을 받아갈 수 있는 Drive-thru 서비스가 있습니다. 반면 미국 회사에서 운영하는 이러한 일반적인 대형 약국이 아니라 한인 교민이 운영하는 약국은 마켓형이 아닌 한국 약국과 비슷한 방식으로 운영됩니다. 따라서 약 조제를 하거나 일반 의약품 및 간단한 의료용품을 판매하는 경우가 더 많습니다.

▶ 대표적인 대형 약국과 특징

미국의 대표적인 대형 약국으로는 CVS, Walgreen, Rite Aid가 있으며, 그 외에 의약품을 판매하는 일반 소매상점으로는 Target과 Walmart가 있습니다. 그리고 대형 도매상점인 Costco의 한 코너에도 약국이 있습니다. 참고로 약국마다 차이는 있지만 대형 약국엔 가정의나 내과의가 상주하고 있는 경우도 있기 때문에 환자의 급한 진료나 상담을 해주는 메디컬 클리닉(의료 진료) 또는 개인 상담 서비스를 받을 수도 있습니다.

▶ 보험 적용 여부를 확인해야 하는 미국의 약국

미국에서는 특정 보험을 받지 않는 약국도 있기 때문에 본인의 보험이 적용되는 약국을 찾아가야 합니다. 대부분의 대형 약국은 거의 모든 보험을 받아주지만, 한인 교민이 운영하는 소규모 약국의 경우 받지 않는 보험도 있기 때문에 처방전을 보여준 후 보험 적용 여부를 확인해야 합니다.

▶ 약국 방문 시 지참해야 할 보험 카드

미국에서 처방된 약을 받고자 약국에 방문했는데 그것이 첫 방문이라면, 약사는 환자의 이름, 생년월일과 주소, 전화번호를 묻고 기록해 두며 보험 카드를 제출할 것을 요구합니다. 그리고 동일한 약국을 두 번째 방문할 경우에는 이미 약국에 환자의 기록이 있기 때문에 자세한 개인 정보를 다시금 알려줄 필요는 없지만 보험 카드는 확인을 위해 약국에서 요구하므로 꼭 지참해야 합니다.

특정 의약품이 어디 있는지 물어볼 때

미국에서 약국은 단순히 의약품만 파는 것이 아니라 생활용품 및 식료품도 같이 판매하는데, 약사가 아닌 일반 직원에게 특정 의약품이 어디에 있는지 문의해도 약의 위치를 잘 알려줍니다. 문의 시 영어로 된 약의 이름을 말할 때 악센트를 정확히 지켜 발음해야 직원이 제대로 알아듣습니다. 혹 직원이 약의 이름을 제대로 알아듣지 못해 소통이 원활히 되지 않는다면, 자신의 증상을 간단히 언급하며 그에 맞는 약은 어디에 있는지 물어보는 것도 좋습니다.

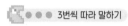 3번씩 따라 말하기

Where can I find Tylenol?

Tylenol은 어디에 있나요?

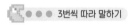 3번씩 따라 말하기

Where can I find allergy medicine?

알레르기약은 어디에 있나요?

 3번씩 따라 말하기

I'm looking for the band aids.

반창고를 찾고 있어요.

Expressions

Where can I find ~? ~은 어디에서 찾을 수 있나요?(문맥상 상대방에게 '~은 어디에 있나요?'라고 물어보는 뉘앙스의 말) allergy medicine 알레르기약 look for ~ ~을 찾다 band aid 반창고

증상에 맞는 의약품을 찾고자 할 때

약사가 아닌 일반 직원에게 자신의 증상을 설명하면서 이에 맞는 약이 어디 있는지 물어볼 땐, 의사의 처방 없이도 살 수 있을 정도로 간단히 설명하는 게 좋습니다. 혹 상담이 필요하다면 약국의 개별 상담실에서 무료 상담을 받을 수 있으며, 구매 결정은 추후에 해도 상관없습니다.

 3번씩 따라 말하기

I have bloodshot eyes.
Where can I find eye drops?

제가 눈이 충혈돼서요. 안약은 어디에 있나요?

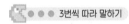 3번씩 따라 말하기

My tooth is killing me.
Where can I find pain medicine?

이가 너무 아파 죽겠어요. 진통제는 어디에 있나요?

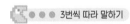 3번씩 따라 말하기

My legs are killing me.
Where can I find pain relief spray?

다리가 너무 아파 죽겠어요. 통증 완화 스프레이는 어디에 있나요?

Expressions

bloodshot eye 충혈된 눈, 핏발이 선 눈 eye drop 안약 pain medicine 진통제 pain relief spray 통증 완화 스프레이

처방전이 필요 없는 약을 찾을 때

의사의 처방전 없이 구매할 수 있는 일반 의약품을 영어로는 'Over The Counter'라고 하는데, 이를 줄여서 'OTC'라고도 합니다. 참고로 OTC라는 명칭은 글로 적을 때만 사용하며, 실제 약국에서 직원에게 일반 의약품에 대해 문의할 땐 'OTC'가 아닌 'Over The Counter'라고 말해야 소통이 되니 이를 염두에 두세요.

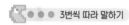 3번씩 따라 말하기

Is this over the counter?

이거 처방전 없이 구매할 수 있는 건가요?

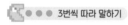 3번씩 따라 말하기

I'm looking for an over the counter asthma inhaler.

처방전 없이 구매할 수 있는 천식 흡입기를 찾고 있어요.

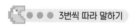 3번씩 따라 말하기

I'm looking for ABC.
Can I buy it without a prescription?

ABC라는 약을 찾고 있는데요. 이거 처방전 없이 구매할 수 있나요?

Expressions

Over The Counter(OTC) (처방전 없이 구매할 수 있는) 일반 의약품 asthma 천식 inhaler 흡입기 prescription 처방, 처방전, 처방된 약

 **Scene 192**

약의 복용 방법에 관해 물어볼 때

처방전에 따른 약을 구매할 땐 약사가 약의 복용 방법을 설명해주곤
하지만 환자가 복용법을 당연히 알고 있을 것이라 생각해 간단히 약에
관해 물어볼 것이 있는지만 묻고 그냥 계산해 버리는 경우도 있습니다.
따라서 약사에게 약의 복용 방법을 다시 한 번 제대로 묻고 확인하는
것이 좋습니다. 그리고 처방전이 필요 없는 일반 의약품을 구매할 때에
도 복용 방법이 어디에 적혀 있는지 찾아보기 힘들거나 찾아도 이것이
너무 작은 글씨로 쓰여 있어 읽기가 힘들 수 있으니 약사나 직원에게
복용 방법을 물어보는 것이 좋습니다. 덧붙여 'with meal(식사와 함께)'
이라는 말은 '빈속에 복용하지 말라'는 뜻이니 참고해 두세요.

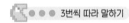 3번씩 따라 말하기

How do I take this?

이거 어떻게 복용하면 되나요?

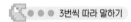 3번씩 따라 말하기

How many times a day do I have to take this?

이거 하루에 몇 번이나 복용해야 하나요?

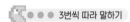 3번씩 따라 말하기

How many pills a day do I have to take?

하루에 몇 알씩 복용해야 하나요?

Expressions

take (약을) 복용하다 how many times a day 하루에 몇 번 pill 알약

약의 부작용 & 주의 사항을 문의할 때

의외로 많은 미국 의사들이 처방한 약에 대해 환자가 특별한 이상 소견을 보이지 않을 것으로 판단되면 부작용에 대해 따로 설명해주지 않는 경우가 많습니다. 따라서 약을 살 땐 혹시라도 부작용이 생길 가능성을 고려해 약사에게 먼저 약의 부작용 및 복용 시 주의해야 할 사항을 묻고 확인하는 것이 좋습니다. 부작용에 대해 문의할 땐 직접적으로 부작용이 있는지를 묻거나, 혹은 약 복용 시 어떤 특정 증상(ex: 졸림, 나른함)이 나타날 수 있는지를 물어볼 수도 있습니다.

 3번씩 따라 말하기

Are there any side effects?

어떤 부작용이 있나요?

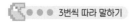 3번씩 따라 말하기

Will I get drowsy if I take this?

이걸 복용하면 졸음이 올 수도 있나요?

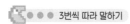 3번씩 따라 말하기

Is there anything I should not eat or drink when taking this medicine?

이 약을 먹을 때 먹거나 마시면 안 되는 것이 있나요?

Expressions

side effect 부작용 (위에서는 부작용이 여러 가지로 나타날 수 있는 가능성을 말하기 때문에 복수로 사용) drowsy (약 기운 등으로) 나른하고 졸린

 **Scene 194**

약의 강도를 조절하고자 할 때

약의 강도를 조절하고자 할 땐 우선 지금 먹고 있는 약이 '너무 세다(too strong)' 혹은 '너무 약하다(too weak)'고 언급한 다음, 그런 이유로 약의 강도, 즉 1회 복용 시 먹게 되는 약 성분의 '복용량(dosage)'을 자신에게 맞게 조절하고 싶다고 요청하면 됩니다. 만약 지금 먹고 있는 약보다 더 약한 걸 원할 경우엔 1회 복용 시 '더 낮은(약한) 성분을 복용(lower dosage)'할 수 있게 해달라고 하거나, 혹은 지금 먹고 있는 약보다 더 센 걸 원할 경우엔 1회 복용 시 '더 많은(높은) 성분을 복용(higher dosage)'할 수 있게 해달라고 요청하면 됩니다.

 3번씩 따라 말하기

The medicine I got before was too strong/weak.

전에 받았던 약은 너무 셌어요/약했어요.

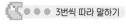 3번씩 따라 말하기

I want a lower dosage.

(약을) 더 약하게 했으면 좋겠어요.

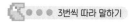 3번씩 따라 말하기

Can I have a higher dosage?

(약을) 더 세게 할 수 있을까요?

Expressions

medicine 약 strong 강한, 센 weak 약한 dosage (약 등의) 복용량

 **Scene 195**

약사에게 배탈이 났다고 말할 때

배탈로 인해 약국에 간 경우, 약사에게 'have an upset stomach(배탈이 나다), feel like throwing up(토할 것 같다)'과 같은 표현으로 자신의 증상을 설명하면 됩니다. 미국에서 이 같은 증상을 완화할 수 있는 대표적인 약으로는 일명 '핑크 약'이라 불리는 'Pepto Bismol(펩토 비즈몰)'과 흰색 알약을 물에 넣었을 때 기포가 올라오면서 녹는 'Alka Seltzer(알카 셀처)'가 있는데, Pepto Bismol은 속이 쓰릴 때도 복용하며 Alka Seltzer는 식체로 인한 몸살이나 두통을 진정시킬 때에도 복용합니다.

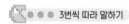 ●●● 3번씩 따라 말하기

I have an upset stomach.

제가 배탈이 났어요.

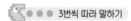 ●●● 3번씩 따라 말하기

I keep feeling like throwing up.

저 계속 토할 것 같아요.

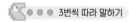 ●●● 3번씩 따라 말하기

My son is complaining about an upset stomach.

저희 아들이 배탈이 나서 아프다고 호소하고 있어요.

Expressions

have an upset stomach 배탈이 나다, 체하다 keep feeling like V-ing 계속 ～할 것 같다 complain about ~ ～에 대해 투정하다/호소하다

Scene 196

🔊 **MP3 196**

약사에게 기침 & 두통 증세를 말할 때

두통이나 고열이 심해 약국에 간 경우, 약사들이 미국의 대표적인 진통제인 'Tylenol(타이레놀)'과 'Advil(애드빌)'을 번갈아 복용할 것을 권하기도 합니다. 그리고 기침이 있어 약국에 갔을 땐 이것이 단순 기침인지, 혹은 가슴에 가래가 있어 답답함을 느끼는 'chest congestion'이 동반된 기침인지 구체적으로 설명하면 자신에게 적합한 약을 더 잘 찾을 수 있습니다. 참고로 가래는 'phlegm'이라고 하는데 신체 어느 부위든 상관없이 '점액'이라고 지칭하고 싶을 땐 'mucus'라고 하면 됩니다.

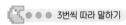 ● ● ● 3번씩 따라 말하기

I have a bad cough and chest congestion.

기침이 심하고 가슴이 답답해요.

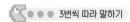 ● ● ● 3번씩 따라 말하기

I have had a terrible headache for the past 3 days.

지난 3일 동안 두통이 정말 심했어요.

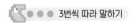 ● ● ● 3번씩 따라 말하기

I've got a bad cough with phlegm.

기침이 심하고 가래가 있어요.

Expressions

bad cough 심한 기침 chest congestion 막힌 것 같이 답답한 가슴 terrible headache 정말 심한 두통, 지독한 두통 phlegm 가래

Scene 197

반창고나 붕대가 있는지 물어볼 때

손이 베이거나 무릎이 까져서 반창고나 붕대가 필요한 경우, 약사에게 증상을 간단히 설명한 후 'Band-Aid(반창고)'나 'bandage(붕대)'를 달라고 하면 됩니다. 참고로 미국에선 Band-Aid라는 제품이 모든 밴드를 대표하는 말처럼 상용되고 있는데, 이 Band-Aid는 실제 상처를 직접적으로 치료하는 것이 아닌 임시적인 치료 방편 중 하나이기 때문에 어떤 문제에 대한 '미봉책' 또는 '임시 처방'이라는 비유로 자주 쓰입니다.

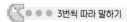 ● ● ● 3번씩 따라 말하기

I got a cut on my finger. Do you have any Band-Aids?

제가 손가락을 베어서요. 여기 반창고 있나요?

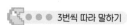 ● ● ● 3번씩 따라 말하기

I just scraped my knees. Do you have flexible Band-Aids?

제가 방금 무릎이 까졌는데요. 여기 신축성 있는 반창고 있나요?

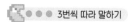 ● ● ● 3번씩 따라 말하기

Do you have waterproof bandages for showering?

여기 샤워해도 젖지 않는 방수 붕대 있나요?

Expressions

get a cut 베이다   scrape 긁어내다, (몸의 일부를) 까지게 하다   waterproof 방수의

 **Scene 198**

파스나 찜질용 팩에 관해 물어볼 때

손목이나 발목이 삐거나 골절돼서 근육에 붙일 파스나 찜질용 팩을 사러 약국에 갔을 땐, 'sprain(삐다), break/fracture(골절되다), twist(신체 부위가 완전히 돌아가면서 삐다)'와 같은 표현으로 자신의 증상을 설명한 후 'heat patch(온열 파스), ice pack(아이스 팩)' 등을 달라고 하면 됩니다. 이밖에도 다친 부위의 통증을 완화해 주는 'pain relief spray(통증 완화 스프레이)'를 달라고 할 수도 있습니다.

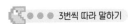 **● ● ●** 3번씩 따라 말하기

I sprained my wrist. Do you have pain relief spray?

제가 손목을 삐어서요. 여기 통증 완화 스프레이 있나요?

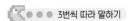 **● ● ●** 3번씩 따라 말하기

I sprained my ankle. Should I wear a heat patch?

제가 발목을 삐었는데요. 온열 파스를 붙이는 게 좋을까요?

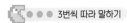 **● ● ●** 3번씩 따라 말하기

Where can I find a finger splint and ice pack?

손가락 부목과 (찜질용) 아이스 팩은 어디에 있나요?

Expressions

patch (몸에 붙이는) 패치, 파스 wear a patch 파스를 붙이다 splint 부목

Review & Practice

01 Tylenol은 어디에 있나요?

_____

02 제가 눈이 충혈돼서요. 안약은 어디에 있나요?

_____

03 ABC라는 약을 찾고 있는데요. 이거 처방전 없이 구매할 수 있나요?

_____

04 이거 하루에 몇 번이나 복용해야 하나요?

_____

05 이걸 복용하면 졸음이 올 수도 있나요?

_____

06 전에 받았던 약은 너무 셌어요.

_____

07 (약을) 더 세게 할 수 있을까요?

_____

08 저 계속 토할 것 같아요.

_____

09 기침이 심하고 가슴이 답답해요.

10 제가 손가락을 베어서요. 여기 반창고 있나요?

11 제가 방금 무릎이 까졌는데요. 여기 신축성 있는 반창고 있나요?

12 제가 손목을 삐어서요. 여기 통증 완화 스프레이 있나요?

정답

01 Where can I find Tylenol?

02 I have bloodshot eyes. Where can I find eye drops?

03 I'm looking for ABC. Can I buy it without a prescription?

04 How many times a day do I have to take this?

05 Will I get drowsy if I take this?

06 The medicine I got before was too strong.

07 Can I have a higher dosage?

08 I keep feeling like throwing up.

09 I have a bad cough and chest congestion.

10 I got a cut on my finger. Do you have any Band-Aids?

11 I just scraped my knees. Do you have flexible Band-Aids?

12 I sprained my wrist. Do you have pain relief spray?

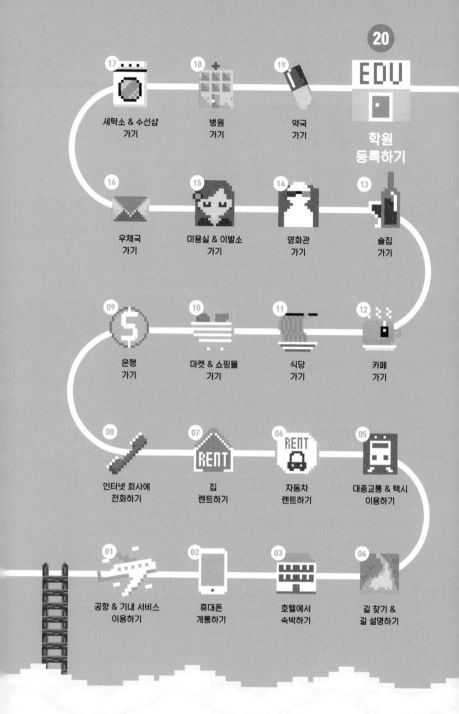

20

EDU

학원
등록하기

17 세탁소 & 수선샵
가기

18 병원
가기

19 약국
가기

16 우체국
가기

15 미용실 & 이발소
가기

14 영화관
가기

13 술집
가기

09 은행
가기

10 마켓 & 쇼핑몰
가기

11 식당
가기

12 카페
가기

08 인터넷 회사에
전화하기

07 집
렌트하기

RENT

06 자동차
렌트하기

RENT

05 대중교통 & 택시
이용하기

01 공항 & 기내 서비스
이용하기

02 휴대폰
개통하기

03 호텔에서
숙박하기

04 길 찾기 &
길 설명하기

Mission 20

학원
등록하기

Gym, Fitness Center, Health Club의 차이와 특징

미국에서는 자동차 운전이 일반적이라 걷는 시간이 부족할뿐더러 무료로 이용할 수 있는 공원 체육시설이 한국만큼 다양하게 많지 않기 때문에 별도로 피트니스 센터나 헬스클럽을 이용해서 운동하는 경우가 더 많습니다. 이런 헬스클럽을 다닌다고 이야기할 때 간혹 한국식으로 말하는 '헬스클럽(health club)'은 잘못된 영어 표현이며 올바른 표현은 '피트니스 센터(fitness center)'와 '짐(gym)'으로 알고 있는 경우가 많은데, 이 세 가지 모두 영어로 사용됩니다. 단 fitness center, health club, gym 이 세 가지는 그 규모와 시설 및 장비에 있어 차이점이 있습니다.

▶Fitness Center

Fitness Center는 수영, 스쿼시, 요가와 같은 실내 운동뿐만 아니라 테니스, 골프, 달리기 등 실외에서도 즐길 수 있는 운동을 할 수 있는 시설까지 구비되어 있습니다. 이를 비롯해 스파와 마사지 샵까지 그 안에 구비되어 있어 다양한 방법으로 건강 관리를 할 수 있습니다.

▶Health Club

Health Club은 규모와 이용 시설 면에서 fitness center와 많이 유사합니다. 그룹 수업 및 개인 수업 프로그램을 신청해서 들을 수 있고 야구나 배구를 할 수 있는 시설을 대여하거나 지정해서 쓸 수 있는 공간이 있습니다. 최근 fitness center와 함께 시설이 점차 화려해지고 있으며, 사우나 장소가 구비되거나 음료 및 건강한 스낵을 준비해주는 곳도 생기고 있습니다.

▶Gym

Gym은 상대적으로 규모가 작고 위의 두 곳에서 제공하는 프로그램에 속한 여러 가지 활동 중 '한 가지 운동 활동'이 진행되는 곳입니다. 즉, 아령이나 러닝머신과 같이 실내에서 쓸 수 있는 운동 기기들을 이용하여 몸매를 가꾸거나 건강을 관리하는 곳이라 할 수 있죠. fitness center와 health club은 규모가 큰 만큼 대부분 연간 회원 시스템(membership)으로 운영되며, 회원 가입 전 무료로 한 달 또는 일주일가량의 체험 기회를 제공합니다. 반면, gym은 규모가 작은 만큼 월간 등록으로 운영되는 경우가 많습니다.

학원에 등록하러 왔다고 할 때

미국 학원의 웹사이트에 들어가 보면 학원에서 운영하는 프로그램 및 강사에 대한 구체적인 정보를 찾아보기 힘든 경우가 많고, 수업 커리큘럼에 대한 자세한 소개 및 수업 현장을 찍은 사진과 같은 자료 업데이트가 제대로 되어 있지 않습니다. YMCA와 같은 대형 커뮤니티 센터를 제외하고는 웹사이트엔 그저 학원의 단순 정보(ex: 위치, 연락처, 간단한 수업 소개)만 게재된 곳이 많기 때문에 학원에 직접 전화를 걸어 확인하거나 혹은 방문 상담을 거친 뒤 수업에 등록하는 것이 좋습니다.

 ●●● 3번씩 따라 말하기

Hi, I am here to sign up for a membership.

안녕하세요, 여기 회원 등록을 하려고 왔는데요.

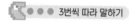 ●●● 3번씩 따라 말하기

Hi, I am here to sign up for a yoga class for beginners.

안녕하세요, 요가 기초반에 등록하려고 왔는데요.

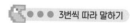 ●●● 3번씩 따라 말하기

Hi, I want to enroll in swimming classes.

안녕하세요, 저 수영 교실에 등록하고 싶은데요.

Expressions

sign up for ~ ~에 등록하다 membership 회원 beginner 초보자 class for beginners 초보자를 위한 반, 기초반 enroll in ~ ~에 등록하다

 **Scene 200**

🔊 **MP3 200**

관심 있는 수업에 관해 문의할 때

관심 있는 수업이 있을 경우 학원 관계자에게 어떤 수업에 관심이 있는지 이야기하면 관계자가 해당 수업에 관해 자세히 설명해줍니다. 그리고 관심 있는 수업에 관해 문의할 땐 학원을 둘러볼 순 없는지, 혹은 수업을 미리 체험해볼 수 있는 '무료 모의 수업(free trial class)'이나 참관 수업에 직접 참여해볼 순 없는지 물어보는 것도 좋습니다. 직접 보고 듣고 경험해보는 것만큼 더 확실하고 좋은 방법도 없으니까요.

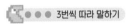 3번씩 따라 말하기

I am interested in gymnastics classes.

제가 체조 수업에 관심이 있거든요.

 3번씩 따라 말하기

I have been interested in martial arts. When do you have Taekwondo class?

제가 무술에 쭉 관심이 있었거든요. 여기 태권도 수업은 언제 있나요?

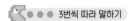 3번씩 따라 말하기

Can I get more information about yoga programs?

요가 프로그램에 대한 정보를 좀 더 얻을 수 있을까요?

Expressions

be interested in ~ ~에 관심이 있다 gymnastics class 체조 수업 martial arts 무술, 무예 information about ~ ~에 관한 정보

등록비 & 수업료에 관해 물어볼 때

학원에 등록하기 전엔 보통 회원권의 가격 및 각종 강좌의 수업료가 얼마인지 물어보게 되는데요. 학원들은 저마다 좀 더 많은 학생을 모집하기 위해 다양한 월별 할인 행사 및 특별 할인 행사를 진행하기도 합니다. 특히 첫 회원 가입 시 할인 혜택을 제공해 주겠다고 하는 경우가 많은데, 이때 할인 혜택이 언제까지 적용되는지 정확히 확인해 볼 필요가 있습니다. 또한 이와 관련해 상담을 진행한 학원 관계자가 있다면 그 관계자의 이름을 잘 알아두는 것도 좋습니다.

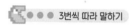

3번씩 따라 말하기

How much is it for a membership?

회원권은 얼마인가요?

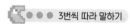

3번씩 따라 말하기

How much do private swim lessons cost?

개인 수영 레슨은 가격이(수업료가) 얼마인가요?

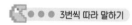

3번씩 따라 말하기

Can I get more information about the cost for yoga?

요가 수업료에 대한 정보를 좀 더 얻을 수 있을까요?

Expressions

How much is it for ~? ~은(~하는 데) 얼마인가요? membership 회원(권) private 개인의 lesson 수업 cost 비용. ~(값, 비용)이 들다

 **Scene 202** 🔊 **MP3 202**

수업료 자동 납부가 되는지 물어볼 때

학원 수업에 등록한 후엔 수업료 납부 방식에 관해서도 이야기해볼 수 있습니다. 참고로 학원에서는 수업료를 현금으로는 받지만 개인 수표는 '부도(bounce)'가 발생할 우려가 있기 때문에 받지 않는 경우가 많습니다. 이 같은 수업료 납부 방식에 관해 물어볼 땐 '자동 납부'로 수업료를 낼 수 있는지를 물어볼 수 있는데요. '자동 납부'라는 말은 영어로 'recurring(되풀이하여 발생하는)'이라는 단어와 'payment(납부, 지불)'라는 단어를 써서 'recurring payment'라고 많이 합니다. 이외에도 'automatic bill pay/payments'라는 표현도 있습니다.

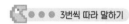 **● ● ● 3번씩 따라 말하기**

Do you do automatic bill pay?

여기 자동 납부가 되나요?

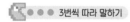 **● ● ● 3번씩 따라 말하기**

Do you do automatic bill payments?

여기 자동 납부가 되나요?

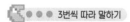 **● ● ● 3번씩 따라 말하기**

Do you do recurring payment?

여기 자동 납부가 되나요?

Expressions

Do you do ~? 당신은 ~하나요?(여기서 '당신'은 '학원(이곳/여기)'을 의미하며, 따라서 이 말은 곧 '여기 ~하나요? / 여기 ~가 되나요?'로 해석 가능) automatic bill pay, automatic bill payments, recurring payment 자동 납부

 **Scene 203**

수업료 자동 납부를 일시 정지시킬 때

회원 시스템(membership)으로 운영되는 대형 학원에서 수강생이 수업료 자동(월) 납부를 일시 정지시킬 경우에는 아예 결제를 취소하는 것과 같습니다. 만약 이전까지 수강생이 장기(1년) 회원 가입에 따른 혜택을 받았다면 결제 취소 시 지불해야 할 위약금과 관련된 계약 사항에 적용을 받습니다. 반면 개인이 운영하는 소규모의 학원은 좀 더 오랫동안 고객을 유치하기 위해 운영 관리자의 재량에 따라 수강생에게 유연하게 자동 납부 일시 정지를 허락하고 이를 수용하는 편입니다.

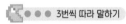 ● ● ● 3번씩 따라 말하기

Can you put a hold on my account?

제 계좌의 자동 납부를 일시 정지할 수 있을까요?

 ● ● ● 3번씩 따라 말하기

Can you put a hold on my payment?

제 (수업료) 납부를 일시 정지할 수 있을까요?

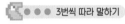 ● ● ● 3번씩 따라 말하기

Can you put a hold on my account while I'm away?

제가 다른 곳에 가 있는 동안 제 계좌의 자동 납부를 일시 정지할 수 있을까요?

Expressions

put a hold on ~ ~을 일시 정지하다 payment 지불, 지급, 납입 be away (출장, 휴가 등으로) 떠나 있다 while ~ ~인 동안

 **Scene 204**

수업료 자동 납부를 안 하겠다고 할 때

수업료 결제 방식을 변경하기 위해 자동 납부 결제 방식을 취소하고 싶다면 해당 학원의 규정에 맞춰 바로 취소를 요구하고 다른 결제 방식을 선택할 수 있습니다. 자동 납부 취소만으로 수강생이 크게 손해를 보거나 불리해지는 경우는 많지 않으며, 결제 방식을 변경해도 오히려 장기 회원(membership) 등록비를 한꺼번에 지불할 경우 수강생이 받을 수 있는 할인 및 추가 혜택이 있습니다. 참고로 자동 납부 정지 사실을 확인할 수 있는 이메일이나 확인 서류를 받아 놓는 것이 추후 결제 취소가 제대로 처리되지 않았을 때 환불받을 수 있는 대처 방안이니 이를 유념해 두시기 바랍니다.

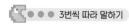 ● ● ● 3번씩 따라 말하기

I don't want to do automatic payments.

자동 납부로 안 하고 싶어요.

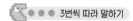 ● ● ● 3번씩 따라 말하기

I want to stop auto payments.

자동 납부를 정지시키고 싶어요.

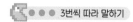 ● ● ● 3번씩 따라 말하기

I want to cancel my recurring payments.

자동 납부를 취소하고 싶어요.

Expressions

I don't want to do ~. 저는 ~을 안 하고 싶어요. I want to stop ~. 저는 ~을 정지시키고 싶어요. I want to cancel ~. 저는 ~을 취소하고 싶어요.

자녀를 수업에 등록시키고자 할 때

본인이 아닌 다른 사람을 학원에 등록시키고자 할 땐 학원 등록 확인서의 본인 확인란에 본인이 실 등록자와 어떤 관계인지 적어야 하는 경우가 많습니다. 따라서 자녀를 수업에 등록시키고자 할 땐 본인 확인란에 수강생이 자신과 '자녀' 관계라고 기재하여 제출하면 됩니다.

 3번씩 따라 말하기

I want to sign my two daughters up for gymnastics classes.

제 딸 2명을 체조 수업에 등록시키고 싶은데요.

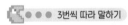 3번씩 따라 말하기

I'm interested in putting my daughters in gymnastics classes.

제 딸들을 체조 수업을 듣게 하는 데 관심이 있어서요.

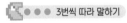 3번씩 따라 말하기

Do you have a class that they can take together?

애들이 같이 들을 수 있는 수업이 있나요?

Expressions

sign up for ~ ~에 등록(신청, 가입)하다 be interested in V-ing ~하는 데 관심이 있다 put A in ~ classes A라는 사람을 ~라는 수업에 넣다(수업을 듣게 하다)

 **Scene 206**

강사와 상담하고 싶다고 할 때

수업에 등록하기 전 강사와 이야기하며 상담받길 원한다면, 학원에 전화를 걸어 상담받고 싶다는 의사를 밝힌 후 수업 시간까지 확인한 다음 예약해야 합니다. 참고로 상담 시간은 길지 않은 편이며 정해진 시간 동안만 상담받을 수 있기 때문에 궁금한 점은 미리 메모해 가는 것이 상담 시간을 보다 효율적으로 활용할 수 있는 방법입니다.

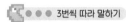 3번씩 따라 말하기

Would it be possible to speak with the swimming coach?

수영 코치와 얘기 좀 할 수 있을까요?

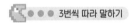 3번씩 따라 말하기

Would it be possible to speak with the yoga instructor?

요가 강사와 얘기 좀 할 수 있을까요?

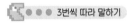 3번씩 따라 말하기

I'd like to talk with the instructor. Is it possible?

강사님과 얘기 좀 했으면 하는데요. 가능할까요?

Expressions

Would it be possible to V? ~ 할 수 있을까요? instructor 강사

 **Scene 207**

수업 듣는 목적을 강사와 상담할 때

강사와 처음 만나는 자리라면 강사가 먼저 인사를 하면서 가벼운 악수를 청할 수 있습니다. 이때 악수를 하면서 본인 이름을 말하고 인사나 짧은 담소(small talk)를 나눈 뒤 수업을 듣고 싶은 이유와 본인의 현재 수준과 함께 원하는 목표를 명확히 밝히는 것이 좋습니다.

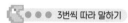 ●●● 3번씩 따라 말하기

I have always wanted to learn to swim to overcome my fear of water.

전 물에 대한 공포를 극복하기 위해 항상 수영을 배우고 싶었어요.

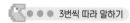 ●●● 3번씩 따라 말하기

I can only do doggy paddle. I REALLY want to learn the proper stroke technique.

제가 개헤엄밖에 못해서요. 올바른 수영 방법을 정말 배우고 싶어요.

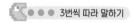 ●●● 3번씩 따라 말하기

I took an intermediate level and I want to improve my swimming (ability).

중급 수업을 들었는데, 수영 (실력)을 향상시키고 싶어요.

Expressions

have always p.p. 항상 ~ 해오다 overcome 극복하다 dog(gy) paddle 개헤엄
REALLY 정말, 엄청(대문자로 쓸 경우 강조를 나타냄) improve 향상시키다

 **Scene 208** 🔊 **MP3 208**

어떤 레벨의 수업이 좋을지 문의할 때

학원에 등록할 땐 자신이 어떤 수준의 수업을 들어야 할지 궁금할 수 있습니다. 이를테면 다른 학원에서 수업을 듣다 옮겨 왔는데 여기선 어떤 수준의 수업을 들어야 할지, 혹은 자신의 수준이 너무 낮아 어떤 걸 들어야 할지 궁금할 수 있죠. 따라서 학원에 'placement test(반 편성 시험)' 같은 게 있는지, 혹은 몇 차례 무료로 참관해 체험해볼 수 있는 'free trial class(무료 모의 수업)'가 제공되는지, 또는 회원 가입 시 제공되는 무료 수강 이벤트가 있는지 등을 확인해보면 좋습니다. 참고로 반 편성 테스트가 아닌 강사를 통한 별도의 레벨 테스트를 치르게 되면 유료일 수 있으니 상담 시 이를 미리 확인해야 합니다.

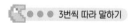 ● ● ● 3번씩 따라 말하기

Is there a placement test before I enroll?

등록하기 전에 (치러야 할) 반 편성 시험이 있나요?

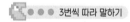 ● ● ● 3번씩 따라 말하기

Which class would be the best for my son?

어떤 수업이 제 아들에게 가장 잘 맞을까요?

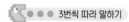 ● ● ● 3번씩 따라 말하기

Which class would suit me?

어떤 수업이 저한테 맞을까요?

Expressions

placement test 반 편성 시험 enroll 등록하다 best for ~ ~에게 가장 좋은(문맥상 '~에게 가장 잘 맞는'으로 해석 가능) suit ~ ~에게 어울리다(맞다)

 **Scene 209**

🔊 **MP3 209**

수업 시작/종료일을 물어볼 때

학원에 등록할 땐 수업이 언제 시작하고 끝나는지 여부도 물어보게 되는데요. 월초와 월말에 수업을 시작하고 종료하는 것처럼 정해진 날짜에 수업을 시작하고 종료하는 학원도 있지만, 수강생이 수업에 참석한 첫날을 기준으로 수업 일수를 계산하는 학원도 있습니다. 그리고 인기 있는 학원의 경우 접수가 조기 마감되어 다음 접수 목록에 이름이 올라가게 되는 경우도 있으니 접수 담당자와 상담할 땐 수업 시작일과 종료일을 정확히 묻고 확인하여 제때 등록할 수 있도록 해야 합니다.

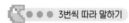 ● ● ● 3번씩 따라 말하기

When is the start date?

(수업이) 시작하는 날짜가 언제인가요?

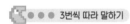 ● ● ● 3번씩 따라 말하기

When does the class start?

언제 수업이 시작하나요?

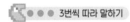 ● ● ● 3번씩 따라 말하기

When does the class end and when does the next session start?

이 수업은 언제 끝나고 다음 세션(수업)은 언제 시작하나요?

Expressions

start date 시작(하는) 날짜 end 끝나다 session (특정 활동을 위한) 기간(문맥상 '수업'이라는 의미로 해석 가능)

 **Scene 210**

수업 횟수에 관해 문의할 때

학원에 등록할 땐 수업 횟수에 관해서도 문의하게 됩니다. 참고로 미국에서는 고객이 요금을 지불하고 서비스를 받다가 어떤 이유로 인해 서비스를 다 받지 못하게 됐을 경우, 못 받은 서비스에 해당하는 금액을 환불해주지 않거나 혹은 환불해준다 해도 그것이 애매한 금액일 경우이를 그만큼의 서비스로 받을 수 있는 'credit(크레딧)'으로 전환해 영수증이나 종이에 써서 주기도 합니다. 따라서 수업료를 지불할 때도 전체 수업 횟수를 정확히 파악한 뒤 수업료를 지불하는 것이 좋습니다.

 ● ● ● 3번씩 따라 말하기

Do you count the month from the start date?

(수업 일을 계산할 때) 수업 시작일로부터 한 달로 계산하는 건가요?

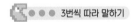 ● ● ● 3번씩 따라 말하기

How many classes can I take in a month?

제가 한 달에 수업을 몇 번이나 들을 수 있나요?

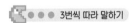 ● ● ● 3번씩 따라 말하기

How many sessions are there in a month?

한 달에 (진행되는) 수업 과정이 얼마나 많이 있나요?

Expressions

count 세다, 계산하다 from the start date 시작일로부터 take (수업 등을) 듣다, 수강하다 in a month 한 달에

Mission 20 341

 **Scene 211**

수업 전 준비 사항에 관해 물어볼 때

YMCA와 같은 대형 교육 센터는 수업 시 특별히 준비해와야 하는 장비가 별다르게 없고 복장 규제도 크게 없기 때문에 수강생이 알아서 편한 복장으로 수업에 참여할 것을 권하는 편입니다. 하지만 사설 학원의 경우, 강좌에 따라 차이가 있긴 하지만 수업에 필요한 장비, 복장, 각종 준비물의 브랜드까지 까다롭게 구별하고 엄격하게 요구하는 경우가 있습니다. 따라서 학원에 등록할 시 수업에 필요한 준비물을 설명하는 유인물을 나눠주고 학원 내에서 이를 살 수 있도록 판매하는 경우가 있으며, 때론 학원과 연계된 가게에서 할인된 가격으로 수업에 필요한 물품을 구매할 수 있게 하는 경우도 있습니다.

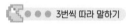 ● ● ● 3번씩 따라 말하기

Is there any special outfit that I have to buy?

제가 특별히 구매해야 할 의상이 있을까요?

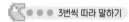 ● ● ● 3번씩 따라 말하기

Is there any preparation for the class?

수업 전에 준비해야 할 것이 있나요?

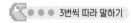 ● ● ● 3번씩 따라 말하기

What do I wear for my first yoga class?

첫 요가 수업 땐 제가 뭘 입게 되나요?

Expressions

Is there A that I have to V? 제가 ~해야 할 A가 있을까요? outfit 옷, 복장
preparation 준비 wear 입다

시설 이용 방법에 관해 문의할 때

학원이나 각종 센터에 등록했을 땐 이들 내부 시설엔 어떤 것이 있고 이를 어떻게 사용해야 하는지 문의하게 될 수 있습니다. 특히 헬스클럽 같은 스포츠 센터에 구비된 라커룸(탈의실)과 샤워장은 무료인 경우가 많지만, 회원 등급에 따라 사용 권한에 차등을 둘 수도 있고 시설의 관리 및 유지 보수, 그리고 안전을 위해 시설 이용 시 별도의 보증금을 요구할 수도 있습니다. 따라서 학원이나 각종 센터에 회원 등록을 할 땐 등록비와 수업료에 이 같은 시설 이용 비용이 포함된 것인지 확인하는 게 좋습니다. 덧붙여 헬스클럽 라커의 열쇠와 샤워 도구는 개인이 준비해야 하는 경우가 훨씬 많으니 이를 참고해 두세요.

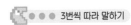 ● ● ● 3번씩 따라 말하기

Do you have showers at the gym?

헬스클럽에 샤워장이 있나요?

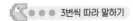 ● ● ● 3번씩 따라 말하기

Do you have locker rooms and showers?

여기엔 라커룸(탈의실)과 샤워장이 있나요?

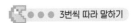 ● ● ● 3번씩 따라 말하기

Where can I get a key to the locker?

라커 열쇠를 어디서 받을 수 있나요?

Expressions

gym 체육관, 헬스클럽(미국의 대형 fitness center 같은 곳에 포함된 운동을 할 수 있는 방의 개념) shower 샤워, 샤워장 a key to ~ ~(으로 들어가는) 열쇠

Review & Practice

01 안녕하세요, 저 수영 교실에 등록하고 싶은데요.

_____

02 제가 체조 수업에 관심이 있거든요.

_____

03 개인 수영 레슨은 가격이(수업료가) 얼마인가요?

_____

04 여기 자동 납부가 되나요?

_____

05 제 (수업료) 납부를 일시 정지할 수 있을까요?

_____

06 제 딸 2명을 체조 수업에 등록시키고 싶은데요.

_____

07 강사님과 얘기 좀 했으면 하는데요. 가능할까요?

_____

08 등록하기 전에 (치러야 할) 반 편성 시험이 있나요?

_____

09 언제 수업이 시작하나요?

_____

10 제가 한 달에 수업을 몇 번이나 들을 수 있나요?

_____

11 수업 전에 준비해야 할 것이 있나요?

_____

12 여기엔 라커룸(탈의실)과 샤워장이 있나요?

_____

—— **정답** ——

01 Hi, I want to enroll in swimming classes.
02 I am interested in gymnastics classes.
03 How much do private swim lessons cost?
04 Do you do automatic bill pay(payments)? / Do you do recurring payment?
05 Can you put a hold on my payment?
06 I want to sign my two daughters up for gymnastics classes.
07 I'd like to talk with the instructor. Is it possible?
08 Is there a placement test before I enroll?
09 When does the class start?
10 How many classes can I take in a month?
11 Is there any preparation for the class?
12 Do you have locker rooms and showers?

01

공항 & 기내 서비스
이용하기

02

휴대폰
개통하기

03

호텔에서
숙박하기

04

길 찾기 &
길 설명하기

05

대중교통 & 택시
이용하기

06

자동차
렌트하기

07

집
렌트하기

08

인터넷 회사에
전화하기

09

은행
가기

10

마켓 & 쇼핑몰
가기

11

식당
가기

12

카페
가기

13

술집
가기

14

영화관
가기

15

미용실 & 이발소
가기

16

우체국
가기

17

세탁소 & 수선샵
가기

18

병원
가기

19

약국
가기

20

학원
등록하기

Review & Practice

Review & Practice

① 교재에서 배운 모든 표현들을 한눈에 훑어 보며 복습하세요.
② 생각나지 않는 표현이 있을 경우 박스(□)에 체크 표시를 해둔 뒤 표현이 나와 있는 페이지로 돌아가서 다시 공부하세요. 몇 번이고 곱씹으며 반복해서 공부해야 머릿속에 각인될 수 있습니다.

Mission 02 | 휴대폰 개통하기

Mission 03 | 호텔에서 숙박하기

Mission 08 | 인터넷 회사에 전화하기

Mission 09 | 은행 가기

Mission 11 | 식당 가기

Mission 12 | 카페 가기

Mission 13 | 술집 가기

Mission 14 | 영화관 가기

Mission 15 | 미용실 & 이발소 가기

Mission 16 | 무체국 가기

Mission 19 | 약국 가기

Mission 20 | 학원 등록하기

좋은 **책**을 만드는 길
독자님과 **함께**하겠습니다.

미국에서 기죽지 않는 쓸만한 영어 : 일상생활 필수 생존회화

초판20쇄 발행	2025년 02월 10일 (인쇄 2024년 12월 03일)
초판1쇄 발행	2019년 05월 16일
발 행 인	박영일
책 임 편 집	이해욱
저 자	Sophie Ban
영 문 감 수	Elizabeth Nicole Williams
편 집 진 행	시대어학연구소
표지디자인	조혜령
편집디자인	임아람 · 하한우
발 행 처	시대인
공 급 처	(주)시대고시기획
출 판 등 록	제 10-1521호
주 소	서울시 마포구 큰우물로 75 [도화동 538 성지 B/D] 9F
전 화	1600-3600
팩 스	02-701-8823
홈 페 이 지	www.sdedu.co.kr
I S B N	979-11-254-5720-6(13740)
정 가	14,000원